Heinz-Joachim Draeger

Hamburg anschaulich

Stadt Hamburg an der Elbe Auen
Wie bist du stattlich anzuschauen
Mit deiner Türme Hochgestalt
Und deiner Schiffe Mastenwald

Heinz-Joachim Draeger

Hamburg anschaulich

Aus der Geschichte einer alten Stadt

CONVENT

Für Avoni

2. Auflage 2007

Gestaltung: X-six agency GmbH, Hamburg
Scans: Scan Discounter, Hamburg
Druck und Bindung: DZA Druckerei zu Altenburg GmbH, Altenburg

ISBN 978-3-86633-001-6

Einleitung

Dieses Buch handelt von Hamburg und den Hamburgern. Im Laufe der über tausendjährigen Geschichte haben unzählige Menschen hier gelebt. Sie gestalteten ihre Umwelt nach ihren jeweiligen Vorstellungen, Moden und Möglichkeiten und gaben so der Stadt immer wieder ein anderes Aussehen.

Hamburg hat viele Gesichter, keines gilt für die ganze Stadt, keines ist endgültig. Ständiger Wandel ist das Markenzeichen dieser lebendigen Metropole. Von der einstigen Vielfalt historischer Bauten ist fast nichts erhalten geblieben. Katastrophen und wirtschaftliche Überlegungen haben gleichermaßen dazu beigetragen.

Das Buch will Hamburgs Weg durch die Zeit anschaulich machen, damit wir das Heute besser verstehen.

Hamburgs Weg durch die Zeit

8./9. Jahrhundert

Die Hammaburg lag auf einem Geestsporn im Mündungsgebiet von Alster, Elbe und Bille (Hamm, Hamme = Ufergelände). Sie war ein christlicher Vorposten im unsicheren Niemandsland zwischen Franken, dänischen Wikingern und heidnischen Slawen.

Seite 8-9

10./11. Jahrhundert

Die Siedlung der Händler und Handwerker wurde trotz der zahlreichen Überfälle nicht aufgegeben. Ein Abschnittswall sollte sie vor Feinden schützen. Die ersten Steinbauten entstanden. Der Hafen hatte nur geringe Bedeutung.

Seite 10-11

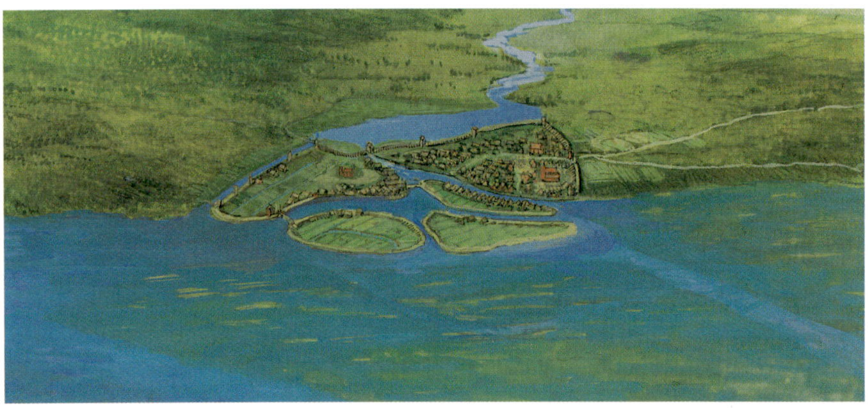

12./13. Jahrhundert

Mit Deichen suchte man die Marscheninseln vor Sturmfluten zu sichern. Die bischöfliche Altstadt und die gräfliche Neustadt vereinigten sich. Der neue Hafen in der Alsterschleife an der Trostbrücke bildete mit einem gemeinsamen Rathaus den Mittelpunkt.

Seite 12-15

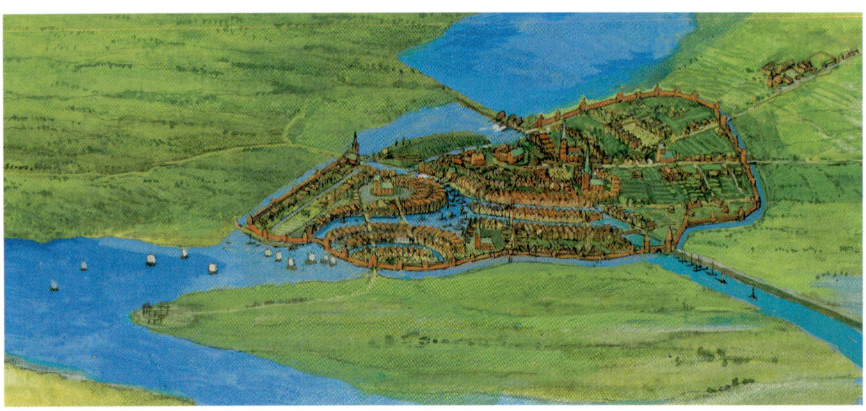

14./15. Jahrhundert

Im Schutz von steinernen Stadtmauern wuchs die Stadt. Im Osten kam das Kirchspiel St. Jacobi hinzu. Kirchen und Klöster wurden ausgebaut. Die durch einen Mühlendamm aufgestaute Alster bildete seit 1245 einen See.

Seite 16-33

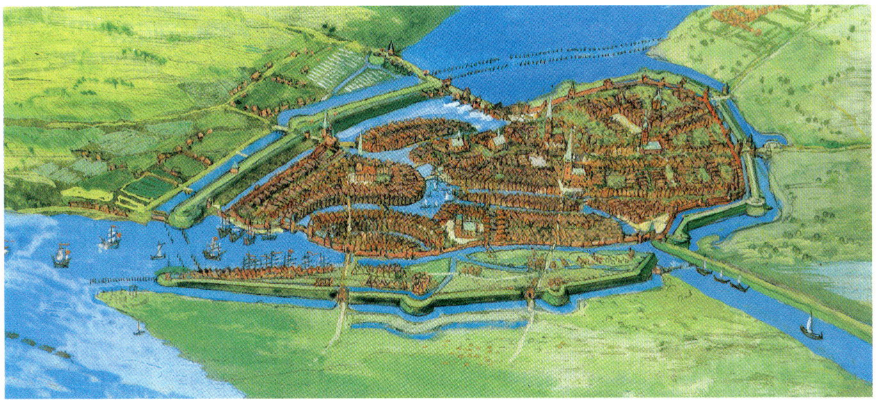

16. Jahrhundert

Die Stadt wurde durch vorgelagerte Wälle stärker gesichert. Die nördliche Brookinsel bezog man ins Verteidigungssystem mit ein. Der Elbehafen wurde immer wichtiger, da größere Schiffe den Alsterhafen wegen der Brücken nicht anlaufen konnten.

Seite 34-37

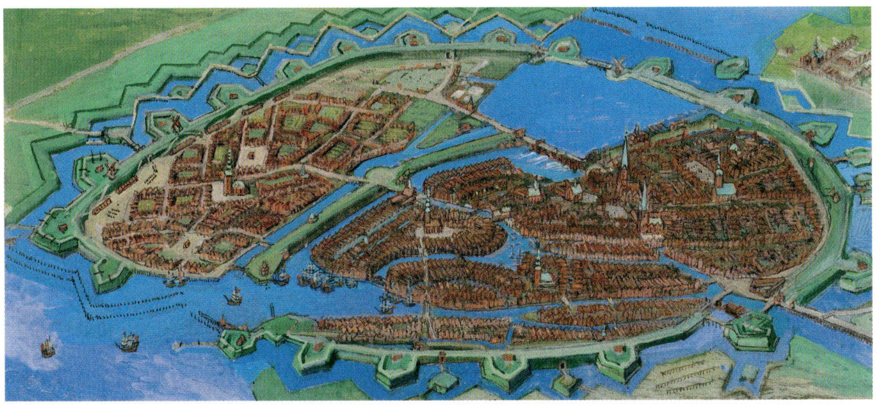

17./18. Jahrhundert

Ein gewaltiger Kranz von Wällen und Bastionen schützte die Stadt wirkungsvoll vor Angreifern im Dreißigjährigen Krieg. Die Neustadt 2, zunächst Gartengelände, wurde bald dicht besiedelt, es bildeten sich Gängeviertel, auch in der Altstadt nahm die Enge zu.

Seite 38-53

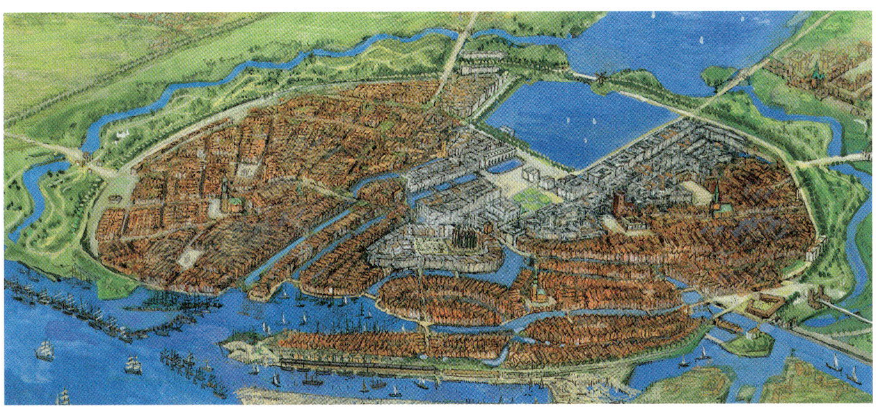

19. Jahrhundert

Der große Brand 1842 hatte große Teile der Stadt vernichtet. Die Neubebauung brach mit der Tradition des Kaufmannshauses, es entstanden vorwiegend Mietshäuser. Ein neues Zentrum wurde in der Nähe der Börse geschaffen. Die Wälle verwandelte man in Parkanlagen.

Seite 54-77

20. Jahrhundert

Eisenbahn- und Hafenanlagen, Speicherstadt und Kontorhausviertel, Markthallen und Mietskasernen zeigen, dass Hamburg eine moderne Großstadt geworden war, aber immer noch gab es zahlreiche historische Bauten. Wenige Jahre später lag alles in Trümmern.

Seite 78-87

Hamburg im 8./9. Jahrhundert

Fernhändler nutzten den Höhenweg auf der Geest entlang der Elbe schon seit langer Zeit. Durch eine Furt gelangte man über die Alster, die sich unweit von hier mit der Elbe im sumpfigen Marschland vereinigte.
An dieser verkehrsgünstig gelegenen Stelle, die zudem vor Hochwasser geschützt war, errichteten die Franken um das Jahr 810 einen Missionsstützpunkt auf den Resten einer sächsischen Vorgängeranlage, der Hammaburg. Ein kleiner Hafen gehörte dazu. In dieser Siedlung lebten neben einigen Geistlichen auch Händler, Handwerker, Bauern und Fischer.
Über die genaue Lage und das Aussehen der Anlage gibt es keine gesicherten Erkenntnisse.

Der Benediktinermönch Ansgar wurde hier 832 als Missionsbischof eingesetzt.
Er gewann zunächst eine Menge Heiden für den christlichen Glauben.
845 flüchtete er jedoch vor den Wikingern ins Bistum Bremen. Dort blieb er.
Die Erzbistümer Hamburg und Bremen bildeten fortan eine geistliche Einheit.

845 überfielen dänische Wikinger die Klostersiedlung, plündernd und mordend brannten sie alles nieder. 880 erschienen sie wieder, diesmal zusammen mit heidnischen Slawen. Besonders die verhassten kirchlichen Einrichtungen suchten sie überall im Lande zu zerstören. Die Christianisierung kam immer wieder zum Erliegen. Auch die Missionsbistümer mussten zeitweilig aufgegeben werden. 983, 1066 und 1072 erfolgten weitere Angriffe durch slawische Obotriten. Es waren unruhige Jahrhunderte, aber der Siedlungsplatz wurde nie aufgegeben. Auf jede Zerstörung folgte ein Wiederaufbau.

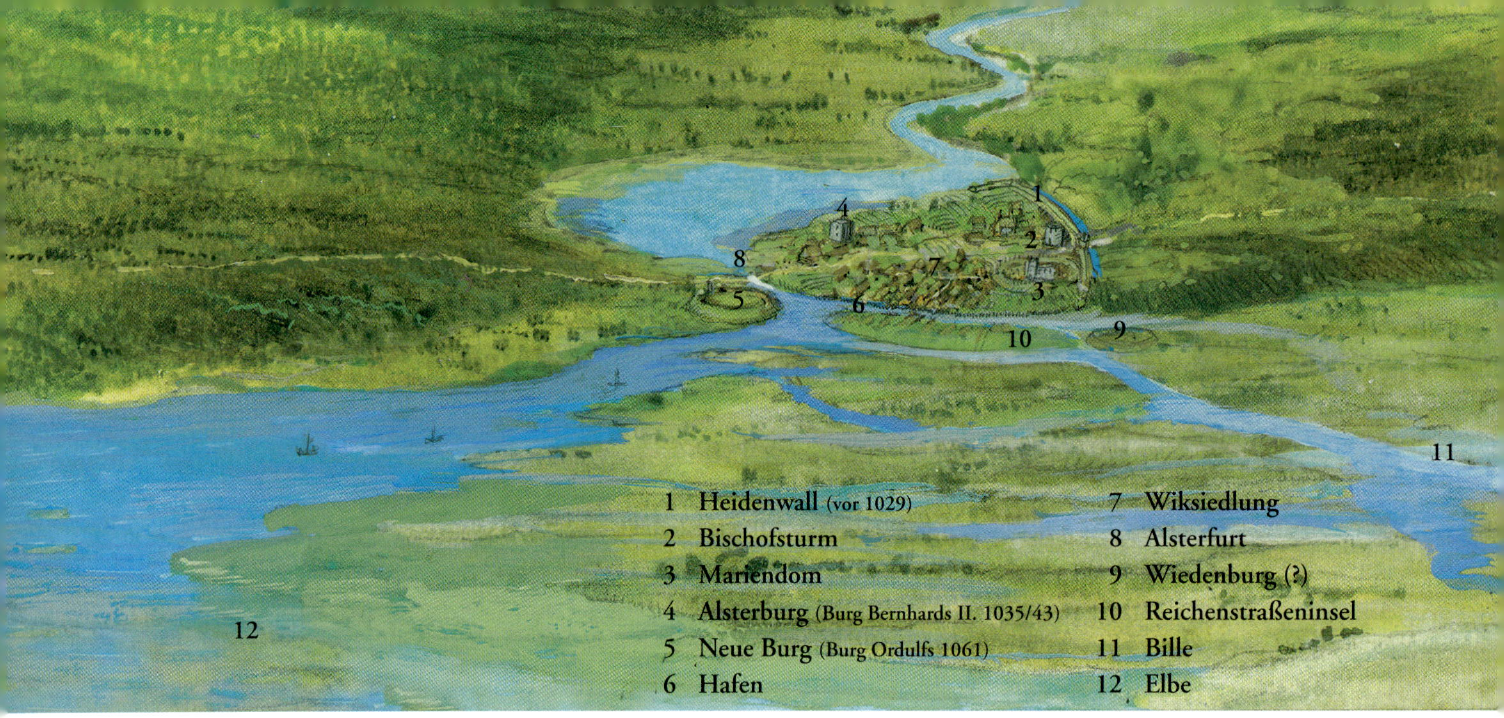

Hamburg im 10./11. Jahrhundert

Um 1035 ließ der Bremer Erzbischof Bezelin Alebrand die ersten Gebäude aus Feldsteinen in Hamburg errichten, den Mariendom und den „Bischofsturm" unmittelbar an der Innenseite des Heidenwalls. Die Fundamente des Turmes kann man im Keller des St. Petri-Gemeindehauses an der Ecke Speersort/Kreuslerstraße besichtigen.
Um seinen Herrschaftsanspruch zum Ausdruck zu bringen, ließ der weltliche Landesherr Graf Bernhard II. Billung ebenfalls einen Wohnturm aus Steinen aufrichten, die „Alsterburg", deren rechteckige Fundamente beim Rathausneubau zutage traten.
Durch die Unterdrückung der slawischen Bevölkerung des Landes und unerbittliche Tributforderungen kam es wiederholt zu Aufständen (1066 und 1072).

So könnte der Hafen der Wiksiedlung ausgesehen haben.

Der machtbesessene Erzbischof Adalbert und die Billunger Hermann und Ordulf gerieten ständig aneinander, so dass von einer friedlichen Entwicklung der Stadt keine Rede sein konnte.
Herzog Ordulf schuf 1061 mit dem Bau der Neuen Burg und der Anlage eines neuen Hafens an der Alsterfurt die Voraussetzungen für eine eigene herzogliche Stadt, die unruhigen Zeiten verhinderten jedoch den weiteren Ausbau.

Der Heidenwall

Heute erinnert im Stadtbild nichts mehr an diesen Abschnittswall. Seinen Namen erhielt er erst in späterer Zeit. Er zog sich leicht bogenförmig vom Schopenstehl bis zur Alster hin; er sollte die Stadt auf der Ostseite schützen, wahrscheinlich wenig wirkungsvoll, wie die wiederholten Überfälle beweisen. Mit dem Bau einer steinernen Stadtmauer ab 1240 war er überflüssig geworden, man ebnete ihn in den folgenden Jahrhunderten ein.

Hamburg im 12. Jahrhundert

Graf Adolf III. aus dem Geschlecht der Schauenburger gründete als neuer Landesherr die erste Neustadt, indem er Schiffern und Händlern das Gelände der Neuen Burg am unteren Alsterlauf (Nikolaifleet) zur Besiedlung überließ. Für diese Gründung erwirkte er vom Kaiser einen Freibrief, der den Siedlern weitgehende Vorrechte einräumte. Dieses „Dokument" vom 7. Mai 1189 konnte der Graf in schriftlicher Form nicht vorweisen, da er es angeblich verloren hatte. Erst 1265 ließ der Rat nachträglich eine Urkunde ausfertigen, die als rechtswirksam angesehen wurde. Nachweislich handelte es sich um eine Fälschung.
Der 7. Mai wird noch heute als Hafengeburtstag gefeiert.

Bis in unsere Tage sind schwere Sturmfluten für die Menschen im Siedlungsgebiet an der Elbe gefährlich. Das zeigte das Hochwasser im Jahr 1962 deutlich. Nur Deiche, Warften oder Schutzmauern können einen gewissen Schutz bieten, wenn sie hoch genug sind. Im Jahr 1164 wütete der Blanke Hans mit verheerenden Folgen an der Nordseeküste.
In Hamburg unternahm man große Anstrengungen, um das flache Marschland vor weiteren Überflutungen zu sichern. Das Gelände der Neuen Burg wurde mit Erde aufgeschüttet und mit einem Deich geschützt. Der Name „Deichstraße" kündet noch heute davon. Ebenso ging man bei den Inseln Cremon und Grimm vor. Unter unsäglichen Mühen mussten diese Erdarbeiten nur mit Muskelkraft und einfachsten Werkzeugen ausgeführt werden.

Hamburg befreit sich von Stadtherren

Seit 1201 sind die Dänen Stadtherren in Hamburg.

1216 schließen sich gräfliche Neustadt und bischöfliche Altstadt zusammen.

Graf Adolf IV. stiftet 1227 das Maria-Magdalenen-Kloster.

Maria Magdalena verhalf zum Sieg – erzählt die Legende

Graf Adolf III. von Schauenburg wurde nach Streitigkeiten von den Dänen gefangen genommen. Ende 1201 übernahmen sie die Herrschaft in Hamburg. Als Stadtherr leitete fortan Graf Albrecht von Orlamünde die Geschicke der gräflichen Neustadt und der bischöflichen Altstadt. 1216 schlossen sich deren Bürger zu einem Gemeinwesen zusammen.
Nach dem Sieg Graf Adolfs IV. über die Dänen am 22. Juli 1227 bei Bornhöved endete deren Hoheit über Hamburg und den norddeutschen Raum.
Der Erzbischof überließ 1228 dem Grafen die Altstadt bis auf den Dom, der unterstand weiterhin nur dem Domkapitel.
In der Folgezeit kaufte die Stadt dem Schauenburger Grafengeschlecht fast alle Rechte ab und machte sich damit weitgehend unabhängig von einem übergeordneten Landesherrn.

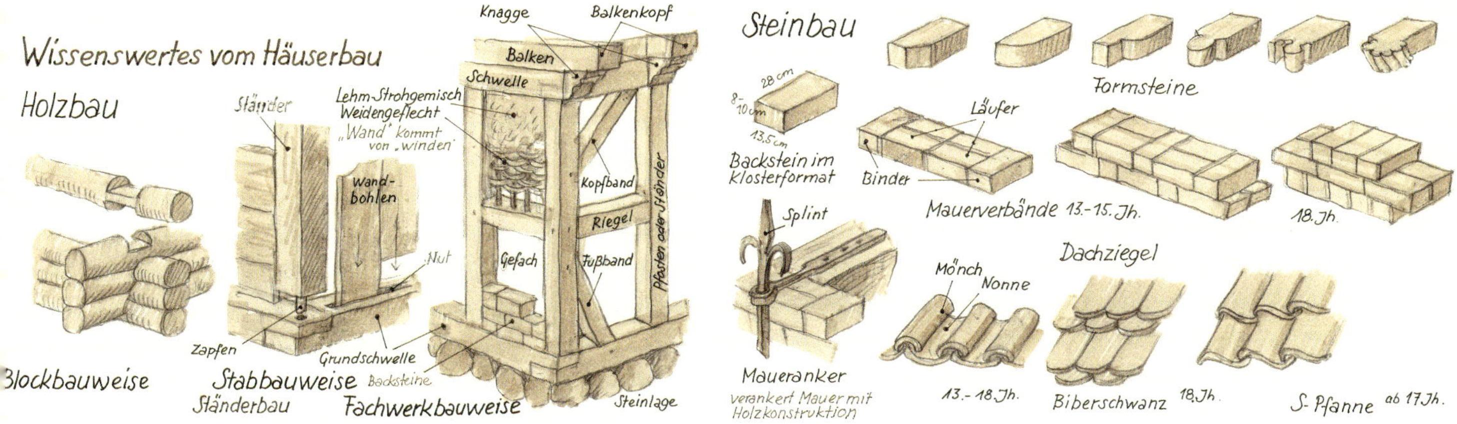

Nachdem die beiden Teilstädte miteinander vereint waren, schützte man sie mit einer hohen Mauer aus Ziegelsteinen und erweiterte das Stadtgebiet im Osten um das Kirchspiel St. Jacobi. Die Steine mussten mühsam aus Lehm hergestellt werden und waren entsprechend teuer. Deswegen konnten sich auch nur die reichsten Bürger ein Haus aus Steinen leisten. Die Bezeichnung „steinreich" rührt daher.
Die meisten Häuser waren weiterhin aus Holz gebaut. Es gab Blockhäuser aus übereinander gelegten Baumstämmen, Ständerbauten mit lehmverschmierten Flechtwänden oder Gebäude in Stabbauweise mit eingeschobenen Wandbohlen.
Dem Ruf „Stadtluft macht frei" folgten immer mehr Menschen. So wuchs die Stadt, und bald drängten sich die mit Stroh gedeckten Holzhäuser im Schutz der Mauern.
1284 vernichtete ein Großfeuer alle Gebäude der Stadt bis auf eines, wie ein Chronist berichtet.

Der Stadtbrand von 1284

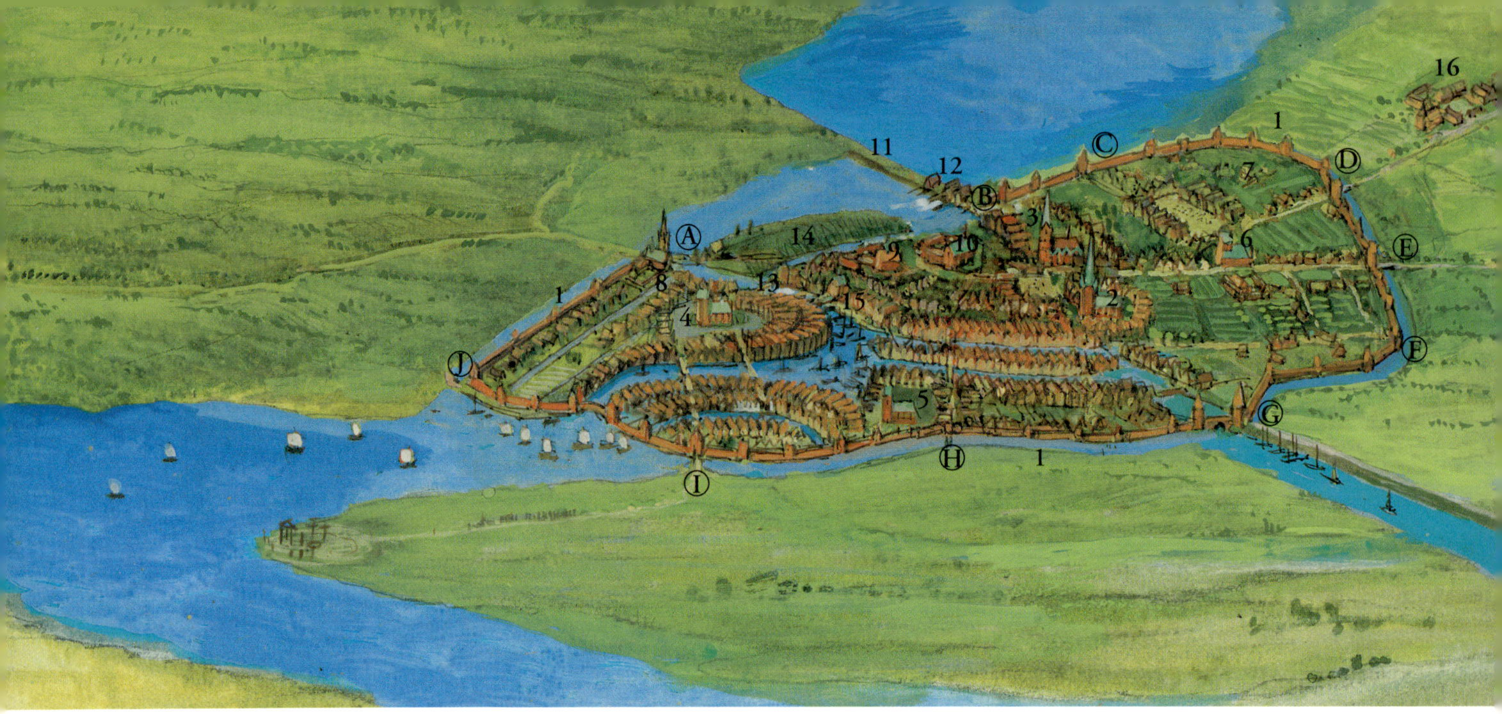

1	Stadtmauer	9	Maria-Magdalenen-Kloster	A	Millerntor	I	Schaaltor
2	Dom	10	Kloster St. Johannis	B	Mühlentor	J	Schaartor
3	St. Petri	11	Mühlendamm	C	Alstertor		
4	St. Nikolai	12	Obermühle	D	Spitalertor		
5	St. Katharinen	13	Untermühle	E	Steintor		
6	St. Jacobi	14	Alter Wall	F	Niederntor		
7	St. Gertrudenkapelle	15	Rathaus	G	Winser Tor		
8	Heiligen-Geist-Hospital	16	Hospital St. Georg	H	Bautor		

Hamburg im 14./15. Jahrhundert

Die Stadt wurde schnell wieder aufgebaut, um 1300 gab es bereits 5000 Einwohner in Hamburg.
Da die Stadt durch die Ostkolonisation längst nicht mehr im umkämpften slawischen Grenzgebiet lag, sondern im Umkreis der aufblühenden Handelsstadt Lübeck an der Ostsee, gewann sie als Handels- und Hafenplatz mit Zugang zur Nordsee an Bedeutung.

Die Kirchspiele

Die Kirchspiele bildeten (bis 1860) geistliche und weltliche Verwaltungsbezirke, sie waren den vier Hauptkirchen zugeordnet. Im 18. Jahrhundert kam St. Michaelis als fünftes hinzu.
Einige auserlesene Bürger wählten einen Vorstand, der ihre Interessen auch gegenüber dem Rat vertreten sollte.
So erhielten sie allmählich ein politisches Mitspracherecht. Jedes Kirchspiel hatte eine festgesetzte Anzahl von Männern zur Bewachung der Wälle und zur Aufrechterhaltung der Ordnung bereit zu stellen.

Vom Schicksal der Hamburger Kirchen

Der St. Marien-Dom

Die Hamburger denken beim Wort „Dom“ an den Rummelplatz auf dem Heiligen-Geist-Feld. Der St. Marien-Dom war jedoch einer der ältesten und großartigsten mittelalterlichen Kirchenbauten nördlich der Elbe.
Da der Dombezirk nicht der städtischen Verwaltung unterstellt war, bildete er einen Fremdkörper, der zunehmend als störend empfunden wurde. Er gehörte zum Erzbistum Bremen und unterlag zeitweilig schwedischem und hannoverschem Einfluss. Als Hamburg das Gelände 1803 erwerben konnte, wurde der Abriss des historisch und künstlerisch bedeutenden Baudenkmals wegen „Baufälligkeit“ beschlossen.

1434

1515/20

1380

Abriss
1804-1807

Schappendom: Hier fand bis 1804 der Weihnachtsmarkt statt. Die Bezeichnung „Dom“ blieb bis heute erhalten.

St. Petri

Älteste Pfarrkirche Hamburgs.
Gründung: Erste Hälfte 11. Jahrhundert, 1195 erstmalig als Marktkirche erwähnt.
1310/20 Bau einer dreischiffigen gotischen Hallenkirche aus Backstein.
Um 1418 ein viertes Seitenschiff im Süden angefügt.
1842 beim Großen Brand zerstört.
1844/49 Der Neubau auf den alten Fundamenten ließ das vertraute Erscheinungsbild in leicht abgewandelten Formen der Neugotik wiedererstehen.
Im 2. Weltkrieg blieb St. Petri vor größeren Schäden bewahrt.

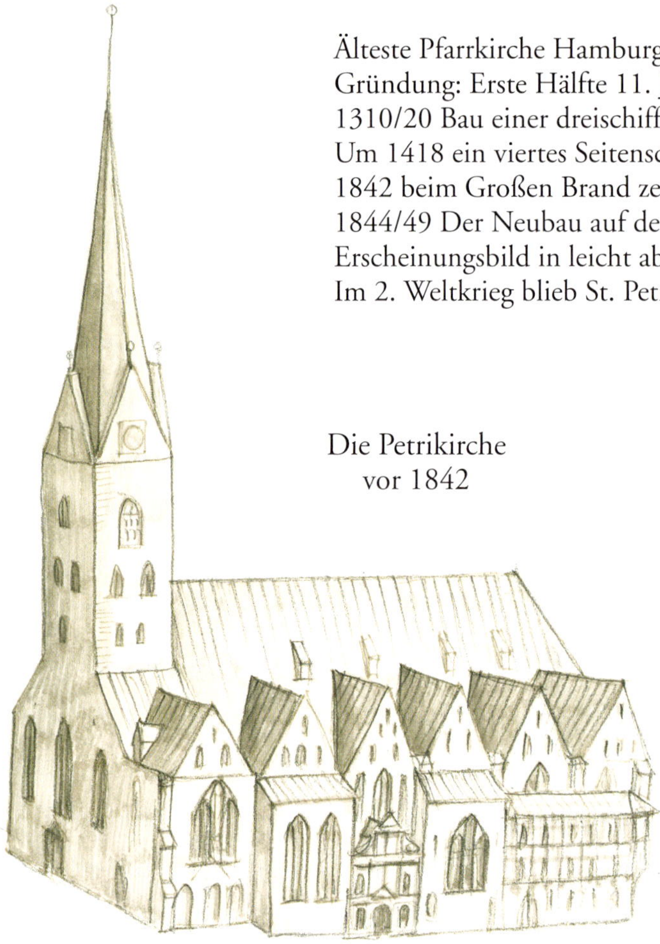

Die Petrikirche
vor 1842

Die Petrikirche
nach 1849 – bis heute

Die Petrikirche
1842

Petrus, ein Jünger Jesu, war Fischer, er bewacht nach der Legende das Himmelstor.
Der Schlüssel ist sein Attribut (Kennzeichen).
Über seinem Grab in Rom erhebt sich der Petersdom. Die Päpste sehen sich als seine Nachfolger.
Petrus war Schutzheiliger der Fischer.

Zur Ehre Gottes

Maler, Holzschnitzer, Steinbildhauer und Bronzegießer statteten die Kirchen mit Kunstwerken aus.

Meister Bertram (1340-1415) ist der bedeutendste Vertreter der spätgotischen Malerei in Norddeutschland und der älteste mit Namen bekannte Hamburger Künstler.
Sein Hauptwerk ist der erzählfreudige ehemalige Hochaltar der St. Petrikirche (heute in der Kunsthalle). Er schuf ihn zwischen 1379 und 1383.

Die prachtvolle Bekrönung des Schalldeckels über der Kanzel stammt von 1400.

Der Türzieher (1342) am linken Flügel des Hauptportals

Die Gottesmutter Maria genoss im Mittelalter große Verehrung. Ihre Darstellung als Himmelskönigin schuf ein Bildhauer um 1470.

St. Nikolai

Der Heilige Nikolaus war der Schutzpatron der Seefahrer, deswegen ist in den norddeutschen Seestädten zumeist die größte Kirche diesem Heiligen geweiht.
Im 12. Jahrhundert zunächst kleine St. Nikolaus-Kapelle. Im 14. Jahrhundert Hallenkirche aus Backsteinen mit Mittelschiff und zwei Seitenschiffen jeweils unter einem Dach.
Die Kirche selbst blieb fast ein halbes Jahrtausend erhalten (bis 1842), ihr Turm wurde mehrfach zerstört.
Zwischen 1846 und 1874 errichtete der Engländer Scott einen neugotischen Bau. Mit seinen 147 Metern ist dessen Turm der dritthöchste in Deutschland.
Diese Kirche wurde 1943 erneut zerstört und abgetragen. Der Turm blieb erhalten.

St. Katharinen

Die Heilige Katharina von Alexandria, eine gelehrte Königstochter, deren Attribute auf ihr Martyrium verweisen. Sie stand unter anderem den Jungfrauen bei und war Patronin der Universitäten (deswegen heute Universitätskirche).
1274 erstmalig als Pfarrkirche genannt. Zunächst nur eine kleine Hallenkirche mit höherem Mittelschiff. Zwischen 1380 und 1450 vergrößert. Der Turmstumpf erhielt wegen des morastigen Untergrundes keinen hohen Aufbau.
Erst 1603 wagte man es, einen spitzen Helm aufzusetzen. 1654-57 schuf Peter Marquard einen neuen Helm. Er stand bis zu seiner Zerstörung durch Bomben 1943, wurde aber, ebenso wie die Kirche, wieder rekonstruiert.

Die Hauptkirche St. Jacobi

Erste urkundliche Erwähnung 1255.

Neubau als dreischiffige Hallenkirche ab 1340.
Ende des 15. Jahrhunderts ein zweites südliches Seitenschiff und der Turm mit zwei kleinen Satteldächern.
Als Folge von Schäden am Turmmauerwerk im 18. Jahrhundert die Westfassade mit mächtigen Stützpfeilern gesichert.
Wegen Baufälligkeit oberstes Stockwerk abgetragen.
Zwischen 1826 und 1828 schlanker neugotischer Turmhelm, von den Hamburgern respektlos „Bleistift" genannt.
Zwischen 1951 bis 1963 Wiederaufbau. Der mittelalterliche Innenraum rekonstruiert, der Turm erhielt ein modernes Aussehen.

Turmhelm
von 1657

St. Nikolai im 17. Jahrhundert

1944

Turmhelm
von 1587/88

St. Jacobi im 18. Jahrhundert

Jacobus (der Ältere) gehörte zu den Jüngern Jesu. Nach der Legende gelangten seine Gebeine auf wundersame Weise nach Spanien.
Sein Grab in Santiago de Compostela wurde zum meistbesuchten Pilgerziel des Mittelalters. Die Muschel ist sein Kennzeichen.
Er war Schutzpatron der Pilger, Reiter und Seefahrer.

St. Gertruden-Kapelle

1391-99 zunächst als Kapelle des Elendenfriedhofs (Friedhof für Fremde) im Kirchspiel St. Jacobi erbaut, später mehrfach erweitert.

Die zierliche Kirche war durch ihr auffallendes Kuppeldach etwas ganz Besonderes. Wahrscheinlich sollte sie an die Grabeskirche Christi in Jerusalem erinnern. Sie brannte 1842 aus, die Ruine wurde später abgerissen. Ihr ehemaliger Standort ist der Gertrudenkirchhof in der Nähe der Spitalerstraße.

Die heilige Gertrud, eine Äbtissin, wurde zum Schutz der Garten- und Feldfrüchte angerufen (im Kirchspiel St. Jacobi lebten im Mittelalter noch Bauern). Sie half auch bei Ratten- und Mäuseplagen und war Patronin der Spitäler. Ihre Attribute erinnern an ihre Aufgaben.

Das alte Millerntor

Hospital und Kirche Zum Heiligen Geist

Das Hospital Zum Heiligen Geist bot seit 1220 Kranken, Alten und Armen sowie durchreisenden Pilgern Unterkunft. Es lag am Rödingsmarkt unmittelbar neben dem alten Millerntor (bis 1883). Mehrfach umgebaut, wurde die baufällige Kirche 1832 abgebrochen.

Die Klöster

Maria-Magdalenen-Kloster

Aus Dankbarkeit für den Sieg bei Bornhöved am Namenstag der Maria Magdalena stiftete Graf Adolf IV. ein Kloster für den Franziskaner-Bettelorden und weihte es der Heiligen.
1239 ließ er sich selbst als Laienbruder einschreiben. Das Kloster lag auf dem Gelände der heutigen Börse, Straßennamen erinnern noch daran. In der zweiten Hälfte des 14. Jahrhunderts vergrößerte man Kloster und Kirche. Diese blieb auch nach Auflösung des Klosters in Gebrauch, bis man sie 1806 für baufällig erklärte und abriss. Das Kloster folgte 1837.

Das Kloster St. Johannis

In unmittelbarer Nähe bauten 1236 die Dominikaner das Johanniskloster. Das Gelände nimmt heute der Rathausmarkt ein.
Im 14. Jahrhundert errichtete man eine großartige Kirche und erweiterte das Kloster. Die Dominikaner wurden wegen ihrer Tracht auch Schwarze Brüder genannt, es waren gelehrte Predigermönche.

Die Lage der Klöster
im heutigen Stadtplan

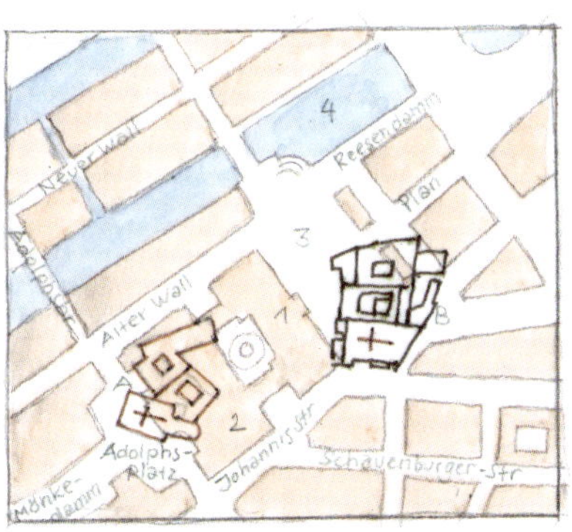

A Maria-Magdalenen-Kloster
B Johanniskloster
1 Rathaus
2 Börse
3 Rathausmarkt
4 Kleine Alster

Nach der Reformation bezog die Gelehrtenschule, das Johanneum, einen Teil der Gebäude. Auch die aus Harvestehude vertriebenen Nonnen des dortigen Klosters fanden hier Unterkunft. Die nicht mehr zu Gottesdiensten benutzte Kirche diente im 19. Jahrhundert als Lagerraum, Exerzierhalle des Bürgermilitärs und Turnhalle, sie wurde mit dem Kloster 1829 abgerissen.

Hamburger Häuser im Spätmittelalter

Häuser in den Stilformen der Gotik gibt es in Hamburg schon lange nicht mehr.
Lübeck dagegen hat zahlreiche Zeugen dieser Zeit bis heute bewahren können.
In Hamburg errichtete man ähnliche Häuser, denn beide Städte waren durch die Hanse eng miteinander verbunden.
Treppengiebel und senkrechte Blenden mit spitzen Bögen konnte man an steinernen Bürgerhausfassaden auch für Hamburg nachweisen, dennoch baute man hier bis in die Neuzeit vorwiegend Fachwerkhäuser. Der morastige Untergrund an vielen Stellen mag hierfür ausschlaggebend gewesen sein.

Ein Brauhaus

Hamburger Bier war ein wichtiger Exportartikel, so dass die Stadt als „Brauhaus der Hanse“ bezeichnet wurde.
Im Jahr 1375 gab es 457 Brauhäuser, von denen mehr als die Hälfte für den Export arbeitete. Der große Bedarf an Tonnen, Bottichen und anderen Holzgefäßen und Behältern gab zahlreichen Böttchern Arbeit. Sie ließen sich in der Nähe der Brauereien an den Fleeten nieder, besonders im Nikolai- und Katharinen-Kirchspiel.

Straßennamen verraten viel über das Stadtleben in früheren Zeiten

Altstadt

Wenn man heute zwischen Geschäfts- und Bürohäusern durch die Straßen der City eilt, kann man sich nicht annähernd ein Bild davon machen, wie es einst dort ausgesehen hat. Straßen wurden früher nicht offiziell benannt, es gab auch keine Straßenschilder. Die Bewohner wählten die Namen nach den unterschiedlichsten Gesichtspunkten und häufig wechselten sie oder wurden nicht mehr verstanden, so dass merkwürdige Wortbildungen übrig blieben z.B. Kattrepel, Schopensteel, Burstah und andere, die eine Erklärung schwierig machen.

Lange Mühren, Kurze Mühren, Bei den Mühren
Straßen, die an den Verlauf der Stadtmauern des 13. Jahrhunderts erinnern.

Rosenstraße/Lilienstraße
Spöttische Benennung für Gestank in der Gegend. Hier wohnte der Scharfrichter, der auch verendete Tiere abhäuten und Kloaken leeren musste.

Spitalerstraße
Vom Ende des 13. Jahrhunderts bis 1620 führte die Straße zum St. Georgs-Hospital für Leprakranke vor den Toren der Stadt.

Pelzerstraße
Hier betrieben die Kürschner ihr Handwerk. Pelze waren sehr begehrt.

Curienstraße
Die Amtswohnungen der Domherren nannte man Curien. Sie lagen in der Umgebung des Domes und der Petrikirche.

Große/Kleine Reichenstraße
Seit dem 13. Jahrhundert nachgewiesene Straße der steinreichen Fernhändler, sie konnten sich als erste teure Häuser aus Stein leisten.

Knochenhauertwiete
An dieser Stelle lagen früher die Arbeits- und Wohnstätten der Schlachter.

Große Bäckerstraße
Eine der ältesten Straßen der Stadt, in ihr roch es nach Brot und Kuchen, weil die Bäcker hier lebten und arbeiteten.

Brodschrangen
Hier wurde das Brot unter den Augen des Rates an Ständen verkauft.

Alter Fischmarkt
Der älteste Marktplatz der Stadt.
Hier hatten die Fischerfrauen ihre Stände.

Hopfenmarkt, Hopfensack
Hier kauften in der Frühzeit die Bierbrauer ihren Hopfen ein, später allgemeiner Gemüsemarkt.

Schmiedestraße
In dieser Straße hörte man von früh bis spät das Hämmern der Schmiede, die vielerlei Dinge aus Metall fertigten.

Steinstraße
Sie war die erste Straße in Deutschland, die mit Steinen gepflastert wurde (1269).

Mönkedamm
Damm, der früher vom Maria-Magdalenen-Kloster zum Heiligen-Geist-Hospital führte, wo die Mönche den Alten und Kranken halfen.

Brandstwiete
Nach einem dort ansässigen Bürger namens Brand benannt.

Zippelhaus
Von 1604-1888 Lagerhaus und Unterkunft der Bardowicker Gemüsehändlerinnen.

Depenau
Bezeichnet ein tief gelegenes feuchtes Auengebiet, das gelegentlich überschwemmt war.

Alter Wandrahm/Neuer Wandrahm
Wandbereiter Brücke
Im 17. Jh. wies man den Tuchmachern (Wandbereitern) das Gelände auf dem Grasbrook zu. Hier wurden die bearbeiteten Tuche (Wand= Gewand) zum Trocknen auf Holzgestellen (Rahmen) aufgehängt.

Kaufleute und Koggen

Handel und Schifffahrt sind der Inbegriff der HANSE. Sie entstand als eine genossenschaftliche Vereinigung von west- und norddeutschen Fernkaufleuten im 12. Jahrhundert, und zunehmend vertraten einzelne Städte die Interessen ihrer Kaufleute. Zu seiner Blütezeit im 14. Jahrhundert gehörten rund 200 Städte dem Hansebund an – eine gewichtige Handelsmacht mit erheblichem politischen Einfluss.

Hamburgs Mitgliedschaft im Hansebund förderte das Streben der Stadt nach wirtschaftlicher und politischer Selbständigkeit.

Der Kampf gegen Raubritter und Seeräuber

Die Sicherung der Land- und Seewege war eines der Hauptanliegen der Hanse. Immer wieder wurde der Fernhandel durch Raubritter und Seeräuber behindert, teilweise sogar unmöglich gemacht. Die Städte sahen sich gezwungen, mit allen Mitteln dagegen vorzugehen. Um den regen Frachtverkehr zwischen Hamburg und Lübeck zu sichern, wurden zahlreiche Raubritterburgen erstürmt und dem Erdboden gleich gemacht.

modernes Leuchtfeuer

Neuwerk (Hamburgs ältestes Bauwerk)

1310

Ritzebüttel

Nachdem die Seeräuber durch das Eingreifen des Deutschen Ordens aus der Ostsee vertrieben worden waren, lauerten sie den Handelsschiffen in der Nordsee auf. Besonders gefährdet waren die Mündungsgebiete von Elbe und Weser. Zum Schutz der Schifffahrt baute Hamburg einen gewaltigen Wehrturm auf der Insel Neuwerk, dort wurden Bewaffnete untergebracht. Gleichzeitig diente er als Orientierungspunkt für die Schifffahrt. Auch das Schloss Ritzebüttel im heutigen Cuxhaven bauten die Hamburger um 1400 zu einem Stützpunkt gegen See- und Strandräuberei aus.

Vorher – Schrecken der Meere ...

Mit der Gefangennahme von Klaus Störtebeker, Gödeke Michels und ihren Banden (1400/1401) gelang es endlich, den Handel über See gefahrloser zu machen.
Auf dem Grasbrook schlug man ihnen die Köpfe ab und nagelte diese auf Pfähle. Allen ein- und auslaufenden Schiffen sollte so gezeigt werden, wie erfolgreich und gnadenlos die Hamburger Jagd auf Seeräuber zu machen verstanden.

nachher – abschreckendes Beispiel.

Von Macht und Ohnmacht

Immer wieder begehrten die Bürger dagegen auf, dass nur wenige begüterte Familien das Recht hatten, den Rat zu bilden. Es kam zu Unruhen, die den Rat zwangen, die Forderungen von Handwerkern und Kaufleuten zu berücksichtigen, die mehr Mitbestimmung bei wichtigen Entscheidungen verlangten. Nach zähen Verhandlungen einigte man sich in schriftlich festgehaltenen Verträgen, sogenannten Rezessen, auf gegenseitige Verpflichtungen.

Die Macht des Domkapitels war den Hamburgern ein Dorn im Auge. Die Domherren bestimmten das kirchliche Leben in der Stadt. Sie häuften steuerfreien Grundbesitz an, sie mussten sich nicht an städtischen Aufgaben beteiligen, sie unterstanden nicht der weltlichen Gerichtsbarkeit. So bildeten sie einen „Staat im Staate".
Dagegen wehrte man sich in einem Rechtsstreit erfolglos. Die Stadt wurde vom Papst mit dem Kirchenbann belegt. Zwanzig Jahre lang durfte kein Gottesdienst in den Hauptkirchen abgehalten werden. Das war für viele eine harte Strafe. Noch zweimal, 1472 und 1499, bediente sich das Domkapitel dieses bewährten Mittels, um die Hamburger in Schach zu halten.

Um ungestört Handel treiben zu können, wollte Hamburg um jeden Preis unabhängig und neutral bleiben.
Die Stadt widersetzte sich mit Erfolg allen Forderungen von den verschiedenen Seiten, wenn auch nicht immer mit ehrlichen Begründungen. Erschien es vorteilhaft, betonte man einmal die Nähe zu Kaiser und Reich, dann wieder zu Dänemark oder zur Hanse, festlegen ließ man sich ungern.

1350 wütete die Pest in ganz Europa, auch in Hamburg fielen dem Schwarzen Tod ca. 6000 Menschen zum Opfer, das waren fast 2/3 der Bevölkerung. Die Zahl der Einwohner stieg durch Zuzug von außen jedoch bald wieder an.

Der Alsterhafen besaß mit Tretkran und Waage sowie einer Zollbude alle Einrichtungen, die ein Umschlagplatz für Waren brauchte; so wurde er bald zum wirtschaftlichen Zentrum der Stadt. Flusskähne besorgten den Transport zu den Seeschiffen. Reges Leben herrschte auf dem Hafenmarkt, auch die Buden der Geldwechsler auf der steinernen Trostbrücke gehörten dazu.
Durch die offenen Bögen des Niedergerichts konnte jedermann zusehen, wie Recht gesprochen wurde. Auf dem Kaak, einem hoch aufragenden Käfig, waren Verurteilte dem Gespött der Leute ausgesetzt.
Hinter der reich geschmückten Fassade des Rathauses tagte seit 1290 die Stadtregierung. Von der Rathauslaube im Obergeschoss wurden zweimal im Jahr die Burspraken verlesen. Das waren Mitteilungen an die Bevölkerung.

Heute liegt der Alsterhafen verlassen da. Bankgebäude und Kontorhäuser säumen ihn, lediglich das Gebäude der Patriotischen Gesellschaft erinnert an den Standort des alten Rathauses an der Trostbrücke.

1 Binnenhafen
2 Neuer Wall
3 Millerntor/Ellerntor
4 Dammtor
5 Reesendamm
6 Städtische Mühlen
7 Alstertor
8 Spitaler Tor
9 Steintor
10 Winser Tor
11 Brooktor
12 Sandtor
13 Rathaus und Börse
14 Oberbaum
15 Niederbaum

Hamburg im 16. Jahrhundert

Im 16. Jahrhundert änderte sich das Stadtbild erneut. Die Kanonen konnten immer größere Kugeln immer weiter schießen, so dass Stadtmauern keinen Schutz mehr boten. Es wurden daher breite Gräben ausgehoben und mit der Erde hohe Wälle aufgeschüttet. Rundwälle, mit Kanonen bestückt, sollten einzelne Abschnitte schützen. Auch der Binnenhafen und der nördliche Teil der Brookinsel wurden in den Befestigungsgürtel einbezogen. Hier ließen sich reiche holländische Wandbereiter (Tuchmacher) nieder, die aus ihrer Heimat vor den Spaniern geflohen waren. Die Große Alster sperrte man mit einer doppelten Pfahlreihe, ebenso die Hafeneinfahrten, sie konnten zusätzlich mit schwimmenden Bäumen an Ketten gesichert werden. Die Namen Baumwall und Niederbaumbrücke erinnern daran.

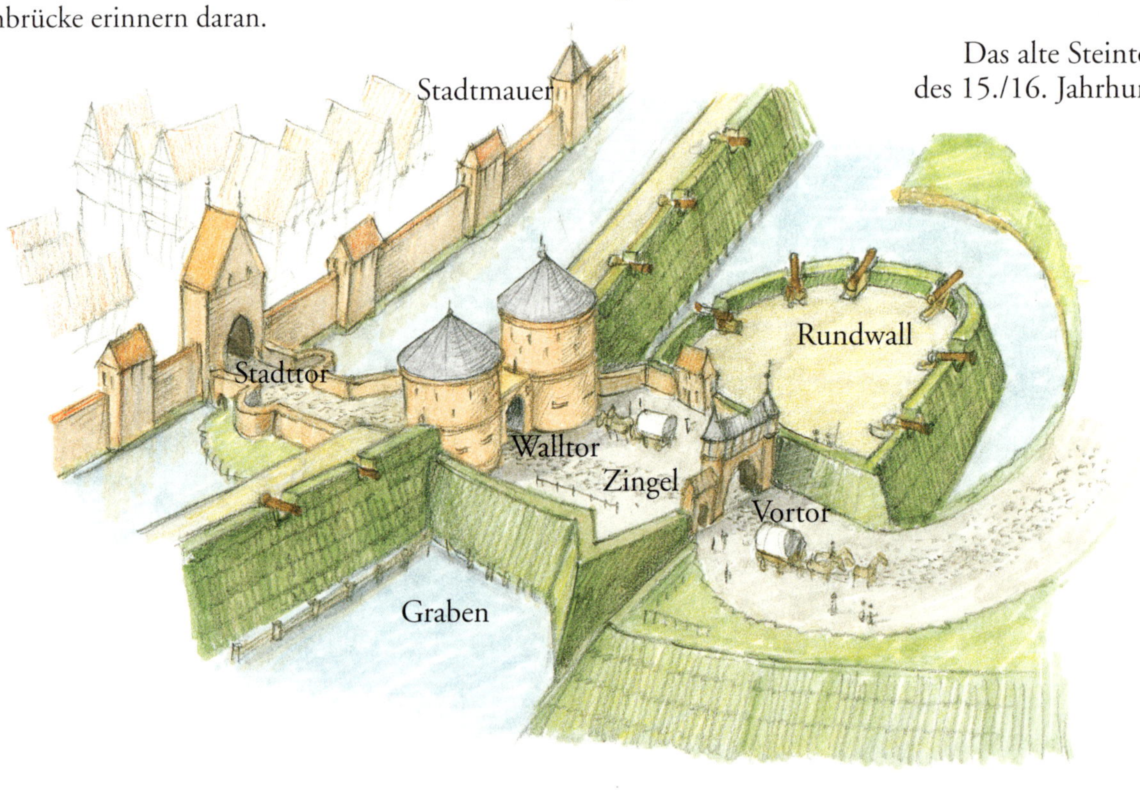

Das alte Steintor des 15./16. Jahrhunderts

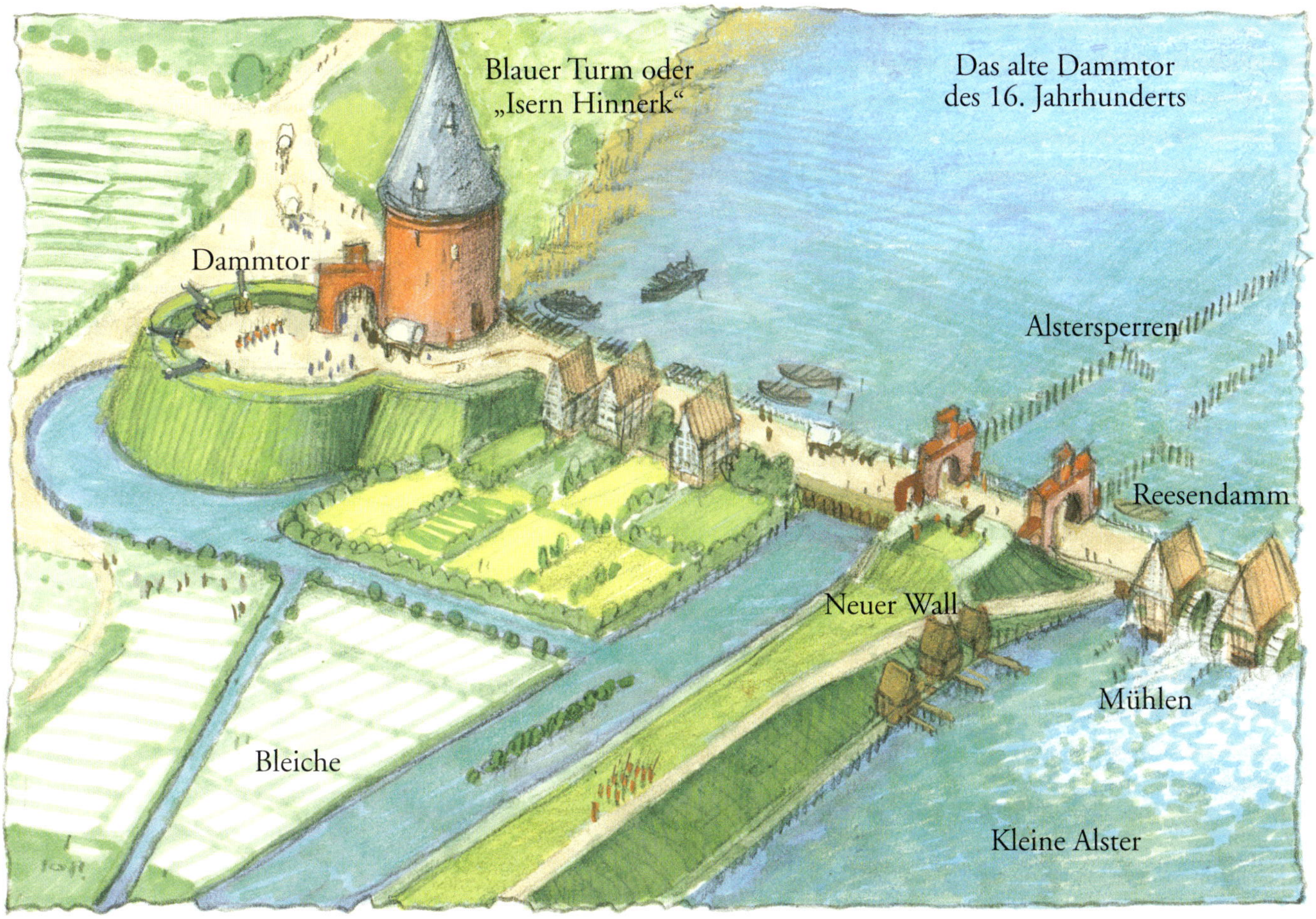

Besonders die Zugänge zur Stadt mussten für Feinde abschreckend umgestaltet werden. Mehrere Tore hintereinander, von dicken Türmen geschützt, Zingel und Rundwälle sollten Angreifer aufhalten.
Die Zahl der Stadttore wurde verringert.

Im Auftrag des Hamburger Rates fertigte der Kartograph Melchior Lorichs 1567 eine zwölf Meter lange und einen Meter breite Karte an, sie zeigt die Elbe von Geesthacht bis zur Mündung. Auf ihr ist in allen Einzelheiten verzeichnet, was Hamburg zur Sicherung des Schifffahrtsweges unternommen hatte.
Sie sollte beweisen, dass die Norderelbe der Hauptstrom ist und nicht die Süderelbe, die an Harburg vorbeifließt. Mit Hilfe dieser detailgenauen Karte gelang es Hamburg als wichtigster Hafen mit Stapelrecht an der Elbe anerkannt zu werden. Allerdings unternahm die Stadt alles, um den Harburgern im wahrsten Sinne des Wortes das Wasser abzugraben.

Nach der Reformation

Die Lehren Martin Luthers fanden in Hamburg viel Anklang, denn das sittenlose Treiben der Geistlichen, der skrupellose Ablasshandel und andere Missstände waren den gläubigen Menschen zuwider.
Mit der Einführung der Reformation 1527-29 änderten sich die kirchlichen und politischen Verhältnisse radikal. Der Dom wurde geschlossen, die Klöster aufgelöst. Hunderte von Geistlichen verloren ihre reichen Einkünfte. Die hartnäckigsten Vertreter der alten Lehre wurden aus der Stadt gewiesen. Johannes Bugenhagen, ein enger Vertrauter Luthers, verfasste eine neue Kirchenordnung für Hamburg, durch die auch die bürgerlichen Vertreter mehr Einfluss im politischen Leben erhielten.

Nachdem die kirchlichen Bruderschaften aufgelöst waren, die bisher für die Bedürftigen gesorgt hatten, musste die Armenpflege neu organisiert werden. In den vier Hauptkirchen wurden daher sogenannte „Gotteskästen" aufgestellt. Die Verwaltung und Vergabe der eingehenden Spenden und Sammlungen übernahmen jeweils zwölf Armenvorsteher (Diakone), die drei ältesten nannte man die Oberalten. Zusammen mit je vierundzwanzig Subdiakonen bildeten die vier Kirchspiele das Kollegium der 144er, das als ständige Vertretung der Bürgerschaft beim Rat Mitspracherecht in allen wichtigen Fragen erhielt.

In kurzen Abständen wurde die Stadt im 16. Jahrhundert von der „Pest" heimgesucht, die katastrophalen hygienischen Verhältnisse in Hamburg waren schuld daran. Der Dreck türmte sich in den Strassen, Fäkalien landeten in den Fleeten, aus denen dann wieder Wasser für den Haushalt geschöpft wurde. Die reinigende Kraft von Ebbe und Flut überschätzte man gewaltig. In feuchten dunklen Kellern und elenden engen, lichtlosen Gangbuden mussten Tausende leben, und sie starben auch zu Tausenden. Die Kirchen, in denen sich die Menschen oft stundenlang aufhielten, verpestete Leichengeruch. Die Toten wurden im Inneren oder in unmittelbarer Nähe bestattet. Friedhöfe außerhalb der Stadtmauern legte man erst später an.

Die Börse

Im Jahre 1558 wurde in Hamburg die Börse, eine regelmäßige Versammlung der hansischen Kaufleute, nach Antwerpener Vorbild gegründet. Zunächst war es nur ein freier Platz neben der Trostbrücke, der mit einem schmiedeeisernen Gitter umgeben war. Auf Steinpfeilern saßen vergoldete Steinlöwen, die die Wappenschilde der beteiligten Gesellschaften in den Pranken hielten. Man kann sie noch heute in der Halle des Hamburgmuseums bewundern. Zwischen 1577-83 wurde ein festes Gebäude aus Holz errichtet, denn die Abwicklung der Geschäfte war bei Sturm und Regen lästig. Das zierliche Gebäude enthielt im Erdgeschoss eine große offene Halle, im oberen Stockwerk den Börsensaal und andere Räume. 1842 fiel es dem Großen Brand zum Opfer. Die Straße „Bei der alten Börse“ erinnert an den Standort.

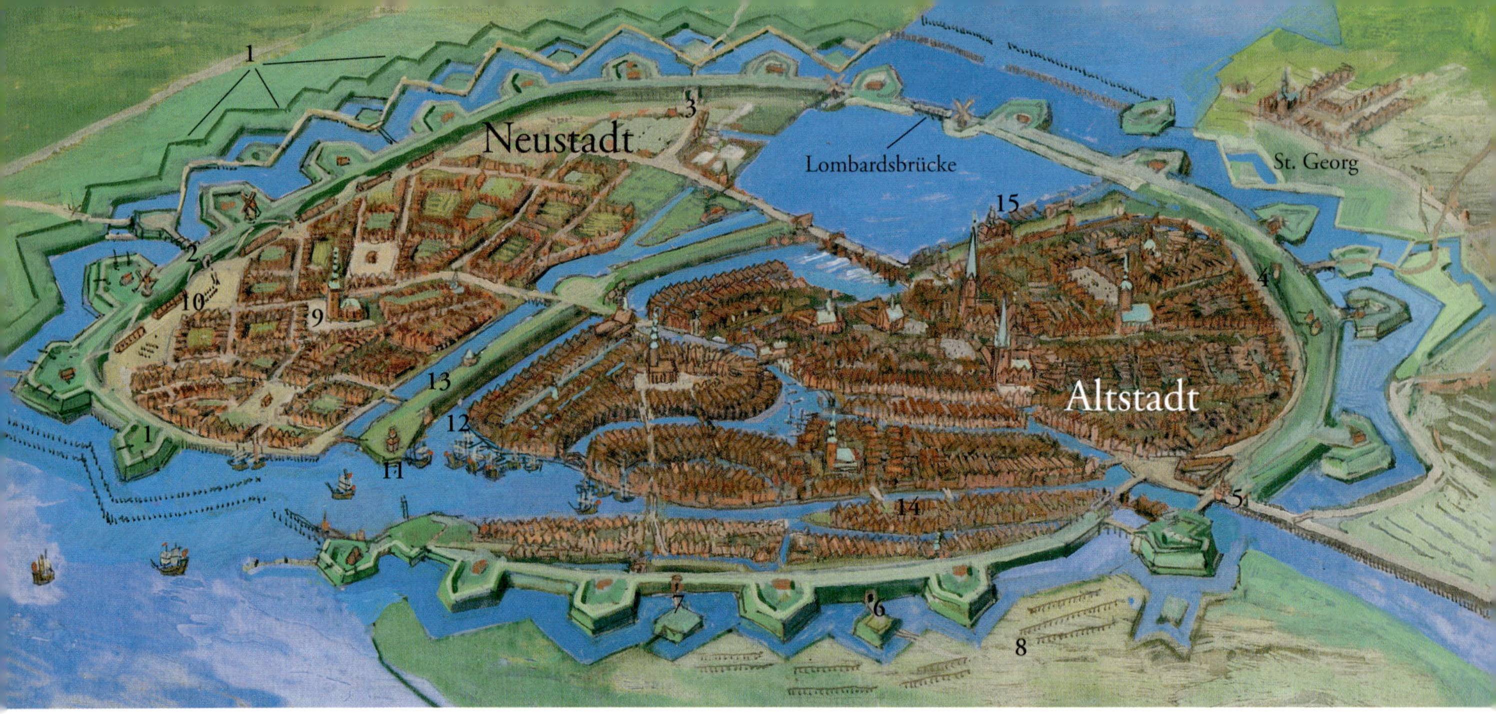

Hamburg im 17./18. Jahrhundert

1 **Wall mit Bastionen, diese trugen die Vornamen von Ratsmitgliedern**
2 **Neues Millerntor**
3 **Dammtor**
4 **Steintor**
5 **Deichtor**
6 **Brooktor**
7 **Sandtor**
8 **(Ge)Wandrahmen**
9 **St. Michaelis**
10 **Zeughaus**
11 **Baumhaus**
12 **Altes Waisenhaus**
13 **Neues Waisenhaus (später an dieser Stelle)**
14 **Kornhaus**
15 **Spinnhaus**

Bau hoher Bastionswälle

Zu Beginn des 17. Jahrhunderts wuchs die Gefahr kriegerischer Auseinandersetzungen. Die bestehenden Schutzwälle und Stadtmauern waren den neuen Geschützen nicht mehr gewachsen. Aus diesem Grund beauftragte die Stadt den niederländischen Festungsbaumeister Jan van Valckenburgh mit der Planung eines neuen Wallsystems.
Unter seiner Leitung entstanden zwischen 1616 und 1628 gewaltige Befestigungsanlagen, die, annähernd halbkreisförmig um St. Nikolai gelegt, die geschützte Stadtfläche mehr als verdoppelten. Die Neustadt im Westen bot Platz für die weitere Entwicklung. Die Erdwerke mit vorgeschobenen Bastionen verliefen auch durch die Alster und teilten sie fortan in Binnen- und Außenalster. Die Zahl der Stadttore wurde erneut verringert.
Im Dreißigjährigen Krieg (1618-48) blieb Hamburg dank dieser Verteidigungsanlagen eine Insel des Friedens, und der Handel konnte weiter wachsen, blühen und gedeihen.

Das Steintor des 17. Jahrhunderts

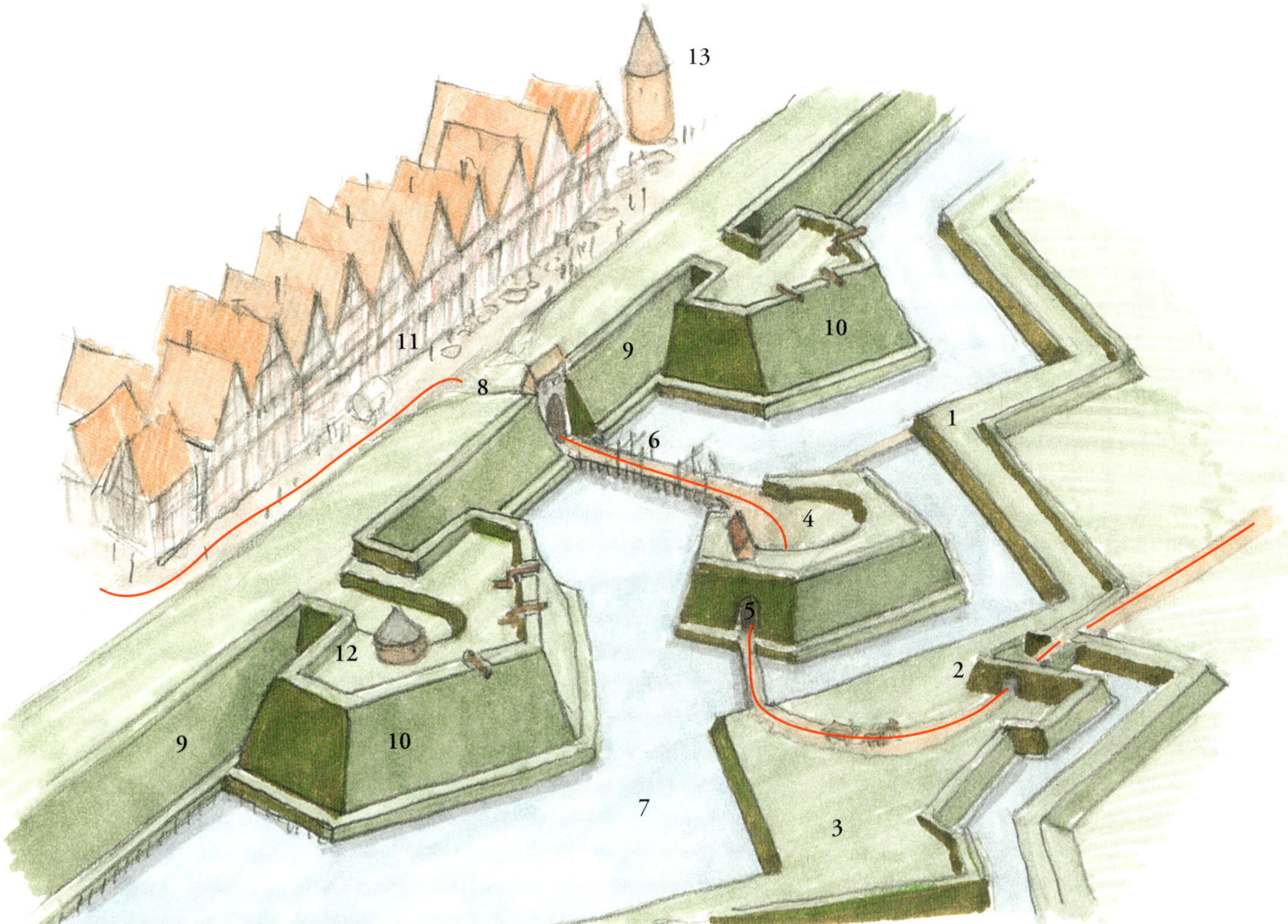

Ein Weg mit Hindernissen

1 Glacis
2 Äußeres Tor
3 Hornwerk
4 Ravelin
5 Tor zum Ravelin
6 Zugbrücke
7 Stadtgraben
8 Walltor
9 Kurtine
10 Bastionen
11 Schweinemarkt
12 Turm des alten Steintores
13 Stadtmauerturm

Hamburg wehrt sich ... gegen die Dänen

Der dänische König Christian IV. machte seine Rechte als holsteinischer Landesherr mit Nachdruck geltend. 1603 erschien er in Hamburg und verlangte die Erbhuldigung, d.h. die bedingungslose Anerkennung seiner Stadtherrschaft. Nur widerwillig gab der Rat in einigen Punkten nach und bat darum, Hamburg als Glied der Fürstentümer Holstein und Storman anzunehmen, da die Stadt auch dem Kaiser unterstellt sei. Die Bestätigung des Reichskammergerichts von 1618, dass Hamburg eine „Kaiserlich freye Reichsstadt" sei, erkannte der Dänenkönig nicht an. Erst mit dem Gottorfer Vergleich von 1768 gewann Hamburg seine volle Unabhängigkeit von Dänemark. Bis dahin sollte es immer wieder Ärger mit dem ungeliebten Nachbarn geben.

1616 gründete Christian IV. Glückstadt, um Hamburg Konkurrenz zu machen und die Elbe zu beherrschen. Er richtete 1630 eine Zollsperre ein, an der auch die Hamburger Schiffe den Glückstädter Zoll zahlen mussten. Erfolglos blieb der Versuch, mit Waffengewalt diesen Zustand zu beenden. 1645 hatte Glückstadt aber seine Rolle ausgespielt, und Christian IV. musste sich zähneknirschend eingestehen, dass er den Kampf um die Elbe verloren hatte.

Hamburg hätte in der Folgezeit seine Unabhängigkeit leicht erkaufen können, weil Dänemark in Geldnöten steckte, doch eine kurzsichtige Innenpolitik ließ diese Gelegenheit ungenutzt verstreichen und verärgerte darüber hinaus die Dänen. Um Hamburg zu schaden, verliehen sie Altona das Stadtrecht und statteten den Ort mit großzügigen Vorrechten aus.

Durch Hamburgs innere Zerrissenheit zum Eingreifen ermuntert, wagte der Dänenkönig Christian V. 1686 einen bewaffneten Vorstoß. Mit großer Heeresmacht erschien er vor den Wällen der Stadt, forderte drohend erneut die Erbhuldigung, die Zahlung von 400.000 Talern und die Aufnahme einer dänischen Besatzung. In dieser Zwangslage einigten sich die zerstrittenen Parteien der Stadt schnell, und die Dänen konnten erfolgreich abgewehrt werden. Die erweiterten Befestigungswerke, besonders die Sternschanze, bewährten sich dabei außerordentlich.

... gegen Schwarzarbeiter

Jagd auf Böhnhasen

Wer in Hamburg als selbständiger Meister sein Handwerk ausüben wollte, musste Mitglied im entsprechenden Amt, d.h. der Zunft, sein. Die Zulassung dazu war für viele an unerfüllbare Bedingungen geknüpft. So blieb die Zahl der Meister klein gegenüber einer Vielzahl von abhängigen Gesellen. Diese suchten dem Missstand abzuhelfen, indem sie heimlich in versteckten Werkstätten, oft auf Dachböden (Böhn), eigenständig Arbeiten ausführten. Um die unliebsame Konkurrenz auszuschalten, machten die Amtsmeister gnadenlos Jagd auf die illegalen Handwerker, die man deswegen Böhnhasen nannte. Sie durften aber nur in Anwesenheit eines Stadtdieners zuschlagen. Die Strafe war oft grausam, dennoch nahm die Schwarzarbeit weiter zu, weil das Zunftwesen zu unbeweglich war.

... gegen Seeräuberei

Konvoischiffe machen Jagd auf Kaperer

Mit den beiden dreimastigen Fregatten „Wapen von Hamburg" und „Leopoldus Primus" erhielten die Hamburger Handels- und Walfangflotten 1668/69 endlich einen wirksamen Schutz.
Mit jeweils 54 Kanonen bestückt und über 200 Mann Besatzung unter Waffen wehrten sie erfolgreich die frechen Übergriffe von algerischen Piraten und Kaperschiffen anderer Nationen ab, die vorher viel Schaden angerichtet hatten. Jetzt konnten die in großen Verbänden (Konvois) segelnden Schiffe sicher ihren Zielort erreichen.
Besonders tapfer schlug sich Admiral Karpfanger, er kam zu hohen Ehren.

Von wichtigen Häusern ...

Das erweiterte Rathaus

Krieg und Vertreibung in den umliegenden Ländern ließen die Bevölkerung Hamburgs stark anwachsen. Das alte Rathaus musste vergrößert werden, es erhielt 1649 einen Erweiterungsbau. Einundzwanzig steinerne Standbilder deutscher Kaiser schmückten nun die Fassade. Sie sollten zeigen, dass Hamburg sich als eine freie Reichsstadt sah.

Um das Feuer aufzuhalten, sprengte man das Rathaus beim Brand Hamburgs 1842 in die Luft. Das Portal und fünfzehn der Kaiserfiguren konnte man retten. Das hamburgmuseum bewahrt sie auf.

Hotel Kaiserhof (1619)

Hier stiegen auswärtige Gesandte und andere hohe Gäste der Stadt ab. Die prachtvolle Fassade hat nach Abbruch des Gebäudes einen Platz im Hof des Museums für Kunst und Gewerbe gefunden. Alte Börse, Niedergericht, Wache, Waage und Kran wurden 1842 ein Raub der Flammen.

die es nicht mehr gibt

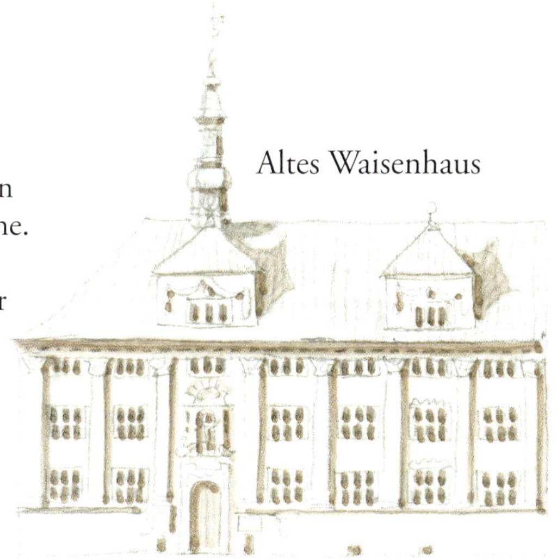

Altes Waisenhaus

Wegen der zahlreichen Seuchen, die in der Stadt wüteten, brauchte man dringend ein Waisenhaus. Die elternlosen Kinder fanden dort Aufnahme. Bald aber war es überfüllt, es herrschten katastrophale Zustände. Erst hundert Jahre später (1781-1785) baute man ein neues, größeres an der Admiralitätsstraße. Dieses Gebäude diente nach dem Stadtbrand lange Zeit als Rathaus, die Waisenkinder fanden woanders ein Zuhause.

Neues Waisenhaus

Kornhaus

Ein gewaltiger Getreidespeicher von 1660/61, den man später als Kaserne benutzte. Er stand bis 1871 auf der Wandrahminsel in der Nähe der gleichnamigen Brücke.

Eine Zollstation mit Gasträumen, Festsaal und Aussichtsplattform an der Einfahrt zum Binnenhafen. Hier feierte man gerne oder genoss den Blick über Hafen und Elbe. 1857 wurde das Haus abgerissen, die U-Bahn-Station Baumwall nimmt heute etwa den Platz ein.

Baumhaus (1662)

Spinnhaus (1666)

Bis zu seiner Zerstörung 1842 diente der große Baukomplex als hamburgisches Kriminalgefängnis, in dem liederliche Frauenzimmer, Diebe und Herumtreiber zu ordentlicher Arbeit angehalten werden sollten.

Außen – geschmückte Giebel…

Im 17./18. Jahrhundert entsprachen steife Treppengiebel an den Häusern der reichen Kaufleute nicht mehr dem Geschmack der Zeit. Aufgesetzte Pyramiden, schneckenförmige Voluten und zierliche Hauben aus Sandstein bereicherten den Umriss, so dass jedes Haus einen ganz persönlichen Ausdruck bekam. Besonders in den Kirchspielen St. Petri, St. Katharinen und St. Nikolai standen die schmucken Häuser einst dicht aneinandergereiht. Nur einige, zudem stark veränderte Gebäude haben den Hamburger Brand, den Bombenkrieg und die Abrissmaßnahmen überdauert. Zusammengestellte Nachbauten in der Peter- und der Neanderstraße können zwar Auskunft über das Aussehen geben, sie können aber nichts von den Lebensumständen und -gewohnheiten der Menschen erzählen, die einst solche Häuser bauten und über Generationen bewohnten.

Innen – gefüllte Böden und gediegene Wohnräume

Außen- und Binnendeichhäuser gab es fast ausschließlich in den genannten Kirchspielen der Altstadt. In der Neustadt wurden in der Mehrzahl schlichtere Fachwerkbauten errichtet. Der Zustrom von Flüchtlingen während des Dreißigjährigen Krieges erforderte andere Baumaßnahmen. Das Kirchspiel St. Michaelis war bevölkert mit Armen, St. Jacobi bot ein ähnliches Bild.

Außendeichhaus
17/18. Jahrhundert

1 **Speicher**
2 **Windenrad + Winde**
3 **Ausleger für Winde**
4 **Diele**
5 **Küche**
6 **Kontor**
7 **Schlafräume**
8 **Wohnräume**
9 **Prunkzimmer**
10 **Festsaal**
11 **Hof**
12 **Utlucht**
13 **Keller**
14 **Fleet**
15 **Schuten**

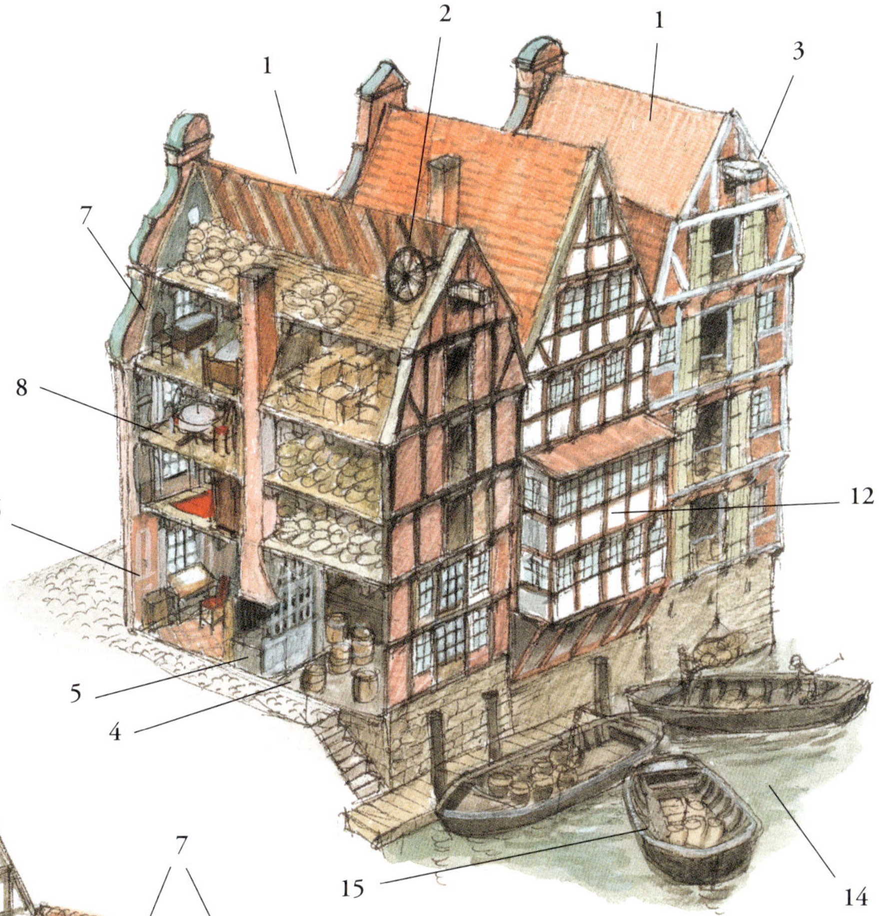

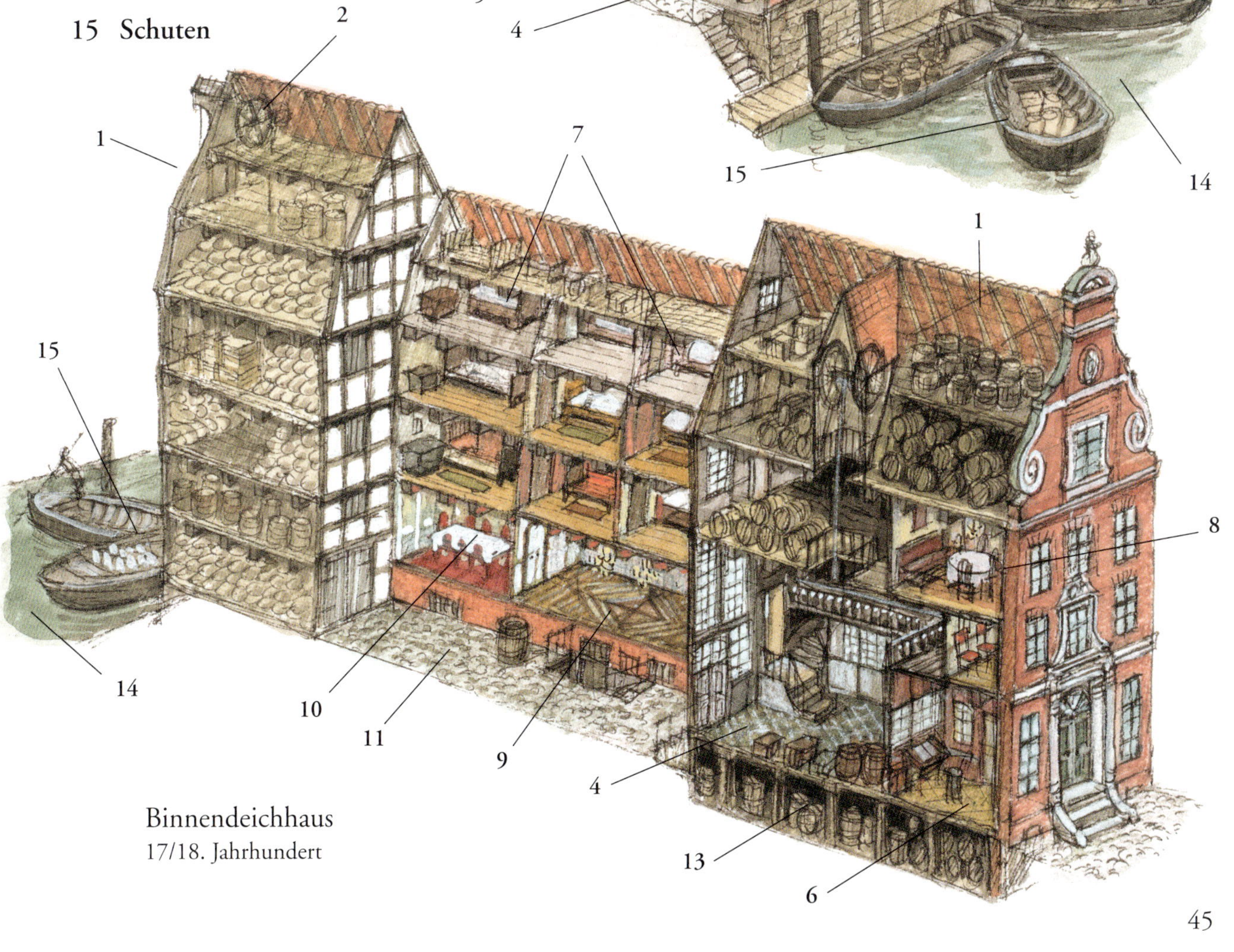

Binnendeichhaus
17/18. Jahrhundert

Fachwerkhäuser bestimmten das Straßenbild

Die meisten Hamburger lebten im 17./18. Jahrhundert in eher schmucklosen Fachwerkhäusern, sie sollten preiswert, schnell zu errichten und nicht zu schwergewichtig sein, denn der Baugrund war im Bereich der Marsch sehr sumpfig. Oft mussten erst viele Pfähle eingerammt werden, bevor man bauen konnte.

Die mehrgeschossigen Wohnhäuser standen entweder mit dem Giebel oder der Traufseite zur Straße. Gauben und Zwerchgiebel belebten die Dachlandschaft und ermöglichten die Ausnutzung des Hauses bis in den letzten Winkel. Die oberen Geschosse nannte man „Sähle", sie waren über gesonderte Eingänge zu erreichen.

Die Entstehung der Gänge

Die Grundstücke wurden im Laufe der Zeit immer mehr zugebaut. Fachwerkbuden waren die einfachsten und billigsten Unterkünfte. Die Grundbesitzer und Vermieter nutzten die zunehmende Wohnungsnot schamlos aus und pferchten immer mehr Menschen in die engen Behausungen. Diese wurden weiter aufgestockt. Durch das Auskragen der Obergeschosse rückten sie so dicht aneinander, dass weder Licht noch Luft in die stinkenden Höfe und Gänge gelangte. Bis ins 19. und 20. Jahrhundert bestanden diese Elendsquartiere. Nach dem Großen Brand 1842 durften keine Fachwerkhäuser mehr gebaut werden.

16. Jahrhundert

17. Jahrhundert

18./19. Jahrhundert

Gängeviertel

Was Straßennamen der Neustadt erzählen

Gerhofstraße
Früher lag hier ein Gerberhof, in dem das Leder für die Schuhmacher zubereitet wurde.

Caffamacherreihe
Caffa war ein hochwertiger gemusterter Damaststoff, der aus Wolle und Seide gewebt wurde. Niederländische Handwerker konnten ihn herstellen.

Teilfeld
Ziegelfeld = Ziegelei. Schon im 14. Jahrhundert wurde hier Ton abgebaut und in Feldöfen zu Ziegeln gebrannt.

Drehbahn
Reeper, auch Seiler genannt, brauchten lange Bahnen, um die Seile zu drehen. Diese wurden in allen Stärken hergestellt und waren für die Schifffahrt unentbehrlich.

Rademachergang
Man weiß nicht mehr genau, ob früher hier die Stellmacher wohnten oder nur ihre Zusammenkünfte abhielten.

Große Bleichen, Hohe Bleichen
Ursprünglich große Wiesen, auf denen die Hausfrauen ihre Wäsche bleichen konnten. Aber auch Bleicher legten hier lange Tuchbahnen aus.

Brauerknechtsgraben
Wahrscheinlich benannt nach den tiefgelegenen Hopfengärten, in denen die Brauerknechte den Hopfen ernteten, den sie zur Bierherstellung brauchten.

Bäckerbreitergang
Bevor das Gelände dicht bebaut wurde, standen hier die Schweinekoben der Bäcker.

Rothesoodstraße
Die Straße hat ihren Namen von einem roten Ziehbrunnen (niederdeutsch: Sood).

Englische Planke
Der Name bezieht sich auf eine Bowlingbahn der englischen Kaufleute (merchant adventurers), die in Hamburg niedergelassen waren.

ABC-Straße
Die Häuser des südlichen Teils der Straße waren ursprünglich mit Buchstaben gekennzeichnet, das war ungewöhnlich.

Gänsemarkt
Es war kein Markt, auf dem Gänse verkauft wurden, vielmehr eine Gemarkung, d.h. ein Bereich, der einem Herrn Gosen gehörte. Möglicherweise weideten hier aber auch Gänse.

Fuhlentwiete (fuhl = schmutzig)
Die abschüssige, einst sehr enge Straße war wegen ihres Schmutzes nach Regenfällen wohl kaum zu passieren.

Zeughausmarkt, Zeughausstraße
Hier stand von 1661 bis 1826 ein Artillerie-Zeughaus, in dem die Geschütze zur Verteidigung der Wälle aufbewahrt wurden.

Dragonerstall
Dragoner nannte man die berittene Truppe der städtischen Garnison. Von 1709 bis 1860 standen hier die Pferdeställe.

Admiralitätsstraße
Hier lag das 1705 erbaute Arsenal der Admiralität, die unter anderem für die Sicherheit auf allen Hamburger Wasserstraßen bis nach Neuwerk zuständig war.

Hütten
Die Stadtsoldaten hatten ihre Wohnungen in unmittelbarer Nähe der Wälle. Es waren niedrige langgestreckte Gebäude.

Jan-Valkenburg-Straße
Der holländische Artilleriehauptmann und Festungsbaumeister Johan van Valckenbourgh entwarf den genialen Plan, der Hamburg unangreifbar machte.

Hauptkirche St. Michaelis, der Hamburger Michel

Der 132 m hohe Turm der Kirche ist das Wahrzeichen Hamburgs. Weithin grüßt er die an- und abfahrenden Schiffe auf der Elbe. Der weite, lichte Raum macht die Kirche zu einem der bedeutendsten protestantischen Sakralbauten in Deutschland. Sie ist keinem Heiligen zugeordnet, sondern dem Erzengel Michael.

St. Michaelis war zunächst eine Hallenkirche mit drei Schiffen und einem vielfach gegliederten Turmhelm. Sie entstand zwischen 1648 und 1661. 1750 schlug der Blitz ein, und das Gotteshaus brannte nieder. Bald darauf plante man einen Neubau, er sollte als Predigtkirche große Menschenmengen aufnehmen können und ganz auf die Kanzel ausgerichtet sein.
Die Baumeister Sonnin und Prey legten einen entsprechenden Entwurf vor, der nach langen Streitereien ausgeführt wurde. Sonnin verdankt Hamburg den 132 m hohen Turm. 1906 vernichtete erneut ein Feuer die Kirche. Sie wurde leicht abgewandelt in den ursprünglichen Barockformen wieder aufgebaut und 1912 geweiht. Die Schäden des Zweiten Weltkriegs konnten bis 1952 beseitigt werden.

Im Gruftgewölbe

Im Gruftgewölbe befinden sich die Grabstätten von Ernst George Sonnin und Carl Philipp Emanuel Bach.

Ernst George Sonnin (1713-1794) präsentiert mit Baumeister Prey den Grundrissplan der Michaelis-Kirche. Bekannt wurde Sonnin in Hamburg auch durch seinen technischen Erfindungsreichtum bei der Sicherung anderer Kirchen.

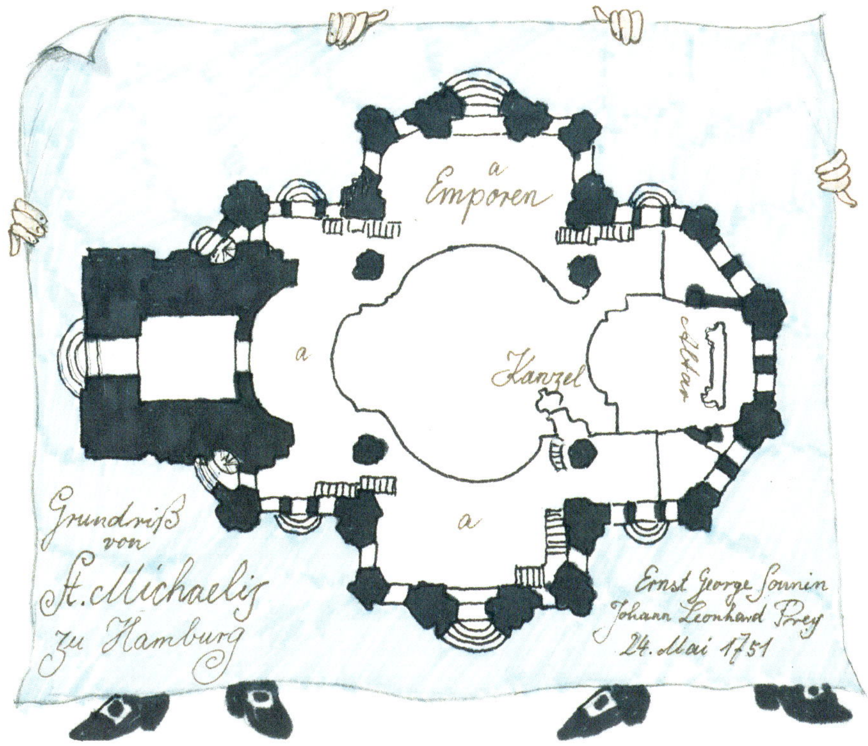

Carl Philipp Emanuel Bach (1714-1788), ein Sohn Johann Sebastian Bachs, war als Nachfolger des berühmten Georg Philipp Telemann seit 1768 Städtischer Musikdirektor der fünf Hamburger Hauptkirchen. Beide schufen in diesem Amt zahlreiche Oratorien, Passionen und Kantaten sowie weltliche Kompositionen.

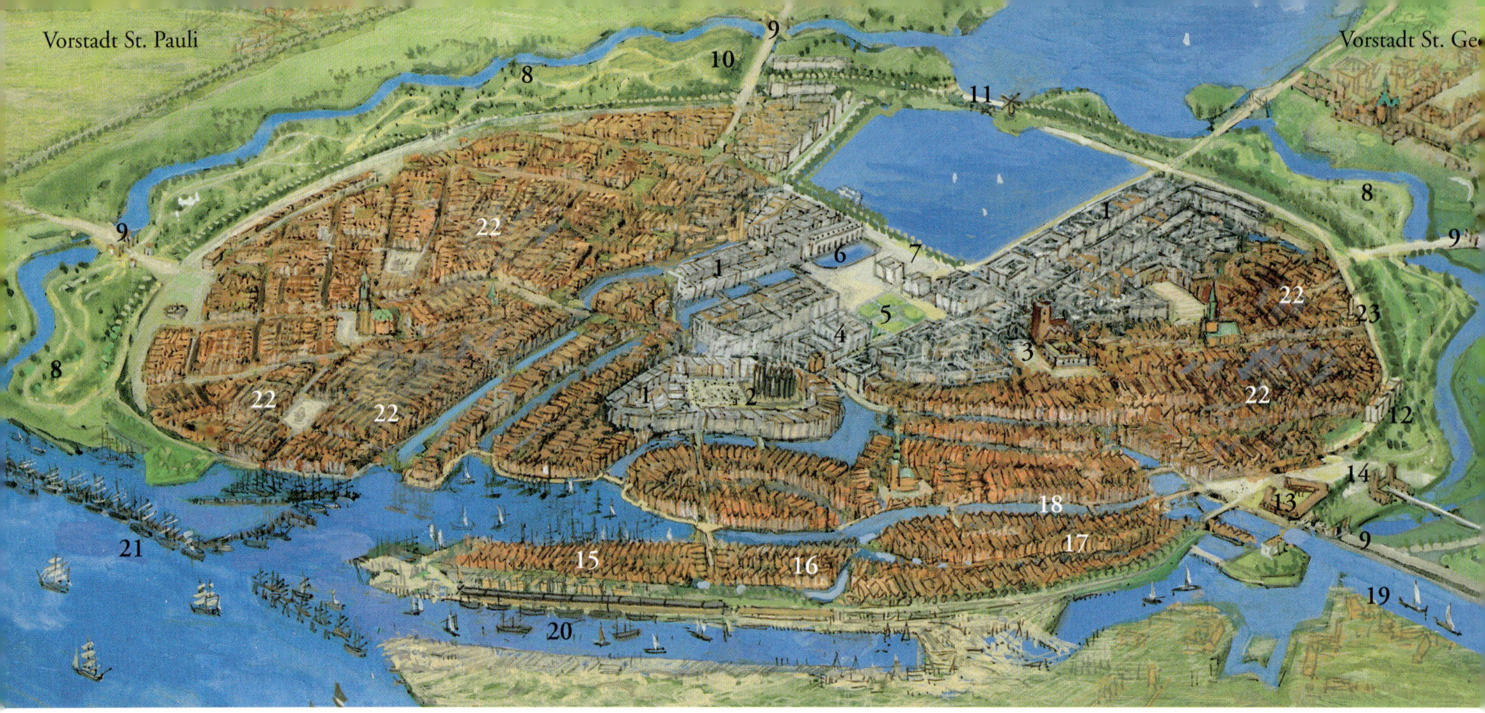

Hamburg im 19. Jahrhundert

1 Neubaugebiet nach dem Großen Brand
2 Neugotische Nikolaikirche im Bau, 1846 – 1876
3 Neugotische Petrikirche noch unvollendet, bis 1878
4 Neue Börse, 1841 (nicht abgebrannt)
5 Neues Zentrum (Rathaus geplant)
6 Alsterarkaden an der Kleinen Alster
7 erweiterter Jungfernstieg
8 Bastionen ab1804 entfestigt, 1813/14 kurzzeitig wiederhergestellt, ab 1820 Wälle in Parkanlagen umgestaltet.
9 Umgebaute Stadttore, Torsperre bis 1861
10 Zoologischer Garten, 1863 eröffnet
11 steinerne Lombardsbrücke
12 Damenstift Kloster St. Johannis
13 Bauhof
14 Berliner Bahnhof, später auf Kosten des Bauhofs vergrößert
15 Kehrwieder-Viertel
16 Brook-Viertel
17 Wandrahm-Viertel
18 Häuser am Dovenfleet

(15 – 18:) 1883 – 88 für die Anlage des Freihafens abgerissen

19 Oberhafen
20 Sandtorhafen, 1863 – 66 als erster Hafen mit Kaianlagen richtungweisend
21 Niederhafen mit Duckdalben als Anleger
22 Gängeviertel
23 Wasch- und Badeanstalt

1806-1814 unter französischer Zwangsherrschaft

Am 19. November 1806 besetzten napoleonische Truppen das neutrale Hamburg. Rücksichtslos erhoben die Franzosen ihre Forderungen nach Geld, Unterkunft und Verpflegung. Ihr Marschall Davout regierte die Stadt mit gnadenloser Härte. Das totale Handelsverbot mit England ruinierte die hamburgische Wirtschaft in kürzester Zeit. 1811 wurde Hamburg in das französische Kaiserreich eingegliedert.
1813 zogen sich die Besatzungstruppen überraschend zurück, rückten aber nach zwei Monaten wieder ein. Als sich ein russisches Heer Hamburg näherte, zwangen sie die Bevölkerung, die Stadt erneut zur Festung auszubauen. Männer und Frauen mussten schwere Schanzarbeiten ausführen. Die Franzosen brannten die Vorstädte nieder, um freies Schussfeld zu haben. Sie jagten 20.000 Menschen, die nicht genügend Vorräte für eine längere Belagerung vorweisen konnten, bei eisiger Kälte aus der Stadt. Tausende starben an Entbehrungen. 1814 verließen die grausamen Besatzungstruppen das geschundene Hamburg.

Hamburg vergnügt sich wieder ...

Die Schrecken der Franzosenzeit konnten die Hamburger lange nicht vergessen, aber allmählich kehrte die Freude am Leben zurück. Die parkartig umgestalteten Wallanlagen luden zum Spazierengehen ein, ebenso der Jungfernstieg an der Binnenalster. Im 1827 neu erbauten Stadttheater an der Dammtorstraße traf man sich, um Opernaufführungen zu genießen. Auch der Spielbudenplatz in der Vorstadt St. Pauli mit seinen Vergnügungsstätten erfreute sich großer Beliebtheit.

Stadttheater

Jungfernstieg

Ein Hochweiser Rat verschlief nach Ansicht von Kritikern derweil die Zeit für dringend notwendige Reformen in vielen Lebensbereichen.

Das Bootfahren auf dem weiten Alstersee war schon immer ein Freizeitvergnügen, bei dem auch die Alsterschwäne nicht fehlen durften.

und erlebt die Hölle

Am 5. Mai 1842 brach in der Deichstraße ein Feuer aus, das sich rasend schnell durch die Straßen der Altstadt mit ihren Fachwerkhäusern fraß. Bis zum 8. Mai wütete der Brand und erlosch erst in der Nähe des Glockengießerwalles. Die Straße Brandsende bezeichnet genau den Ort. Die Bilanz des Schreckens: Das alte Hamburg war fast vernichtet. 1.750 Häuser, 102 Speicher, das Rathaus und mehrere Kirchen verbrannten. 20.000 Menschen wurden obdachlos, 51 starben in den Flammen. Die Schadenssumme war gewaltig.

Mr. Lindleys große Stunde

Mr. William Lindley war als Ingenieur beim Bau der Hamburg-Bergedorfer Eisenbahn tätig, sie wurde in den Tagen des Großen Brandes erstmalig in Betrieb genommen. Seine technischen Fachkenntnisse kamen der Stadt schon während der Katastrophe zugute (gezielte Sprengungen).
Für den Wiederaufbau des Stadtzentrums entwickelte er zukunftsweisende Pläne: breite gerade Straßen, eine zentrale Trinkwasserversorgung und ein modernes Sielsystem. Sein genial durchdachtes Kanalisationsnetz kann teilweise noch heute genutzt werden.

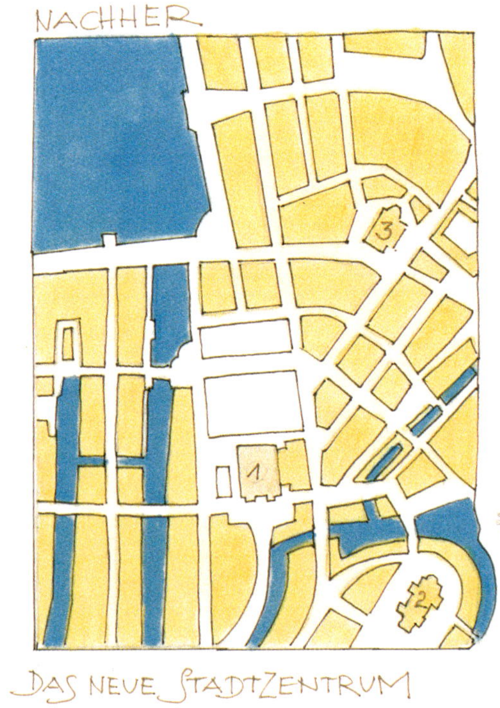

„Nachbrandarchitektur“

Nachdem die Trümmer weggeräumt waren, konnte die riesige Freifläche neu bebaut werden. Das geschah nach einem einheitlichen Plan, den eine Technische Kommission erarbeitete.
Die entscheidenden Anregungen für die Neugestaltung gab Alexis de Chateauneuf:
Statt Fachwerkbauten und Giebelhäusern forderte er den Bau von 3-4-stöckigen Etagenhäusern.
Flach geneigte Dächer hinter breiten Gesimsen, Rundbögen, eine strenge Fassadengliederung und in der Regel ein weißer Verputz der Backsteinmauern kennzeichneten die neuen Bauten. Chateauneuf schuf unter anderem die Alsterarkaden und die Alte Post.

Gegensätze

Auf den Elbhöhen zwischen Ottensen und Blankenese erhoben sich die Sommerhäuser der reichen Hamburger Kaufleute und Reeder. Hier, weitab vom Getriebe der Stadt, konnten sie ungestört die frische Luft und den weiten Blick über das Elbtal genießen. Von herrlichen Parkanlagen umgeben, boten die luxuriösen Häuser viel Platz für heitere Geselligkeit und erholsame Ruhe.

Eng, laut, stinkend und dunkel waren dagegen die Gassen von Alt- und Neustadt. Immer mehr Menschen drängten sich dort zusammen, denn die Mieten in den neuen Etagenhäusern waren für die meisten unerschwinglich.

So sahen die Stadttore im 19. Jahrhundert aus. Hier wurde eine städtische Einfuhrsteuer (Akzise) erhoben.

Die Tore sind geöffnet

Die Wohnungsnot in der vom Wallgürtel eng umschlossenen Stadt wurde im 19. Jahrhundert immer drückender. Der Große Brand hatte viel Wohnraum vernichtet, neue Fabriken und Werften zogen immer mehr Arbeiter an, die Einwohnerzahl stieg dramatisch.

Mit Aufhebung der Torsperre 1861 konnten Wohnviertel auch außerhalb der alten Grenzen entstehen. Viele Menschen verließen jetzt die Innenstadt, diese bot zunehmend mehr Platz für Kontor- und Geschäftshäuser, Speicher und Verwaltungsbauten. Am Ende des Jahrhunderts wohnte über die Hälfte der Hamburger in den Vororten.

Das Wüten der Cholera

In den dunklen, muffigen Elendsbuden der Gängeviertel mussten immer noch die Ärmsten der Armen ausharren. Durch verseuchtes Wasser aus der Elbe und den Fleeten, durch überquellende Aborteimer und Menschenmassen auf engstem Raum breiteten sich Krankheitserreger rasend schnell aus.

Mit Durchfall und Erbrechen kündigte sich die Cholera an, sie wütete während des ganzen 19. Jahrhunderts schrecklich unter der ärmeren Bevölkerung, am schlimmsten 1892. Tausende fielen der Seuche zum Opfer. Hamburg war durch diese Zustände weithin in Verruf geraten.

Gegen Ende des Jahrhunderts beseitigte man einige Missstände. Die Gängeviertel wurden endgültig erst im 20. Jahrhundert niedergelegt und weitläufiger neu bebaut.

Vom Wohnquartier ...

Nach schwierigen Verhandlungen erklärte sich Hamburg 1881 endlich bereit, dem Zollverband des Deutschen Reiches beizutreten. Zur Erleichterung des Schiffs- und Warenverkehrs sollte ein Freihafen mit Speichern in unmittelbarer Nähe zur Stadt geschaffen werden, abgetrennt durch einen Zollkanal.
Für den Bau mussten mehr als 24.000 Menschen ihre vertraute Umgebung auf dem Grasbrook verlassen und sich woanders eine Unterkunft suchen, oft weit entfernt vom Arbeitsplatz. Alle Häuser wurden abgerissen, vom prächtigen alten Kaufmannspalais bis zur Gangbude.

zur Speicherstadt

Bei der Gestaltung der langen Lagerhausreihen stand die Backsteingotik Pate. Mit Treppengiebeln, Türmchen und Zinnen, mit spitzbogigen Blendnischen, Friesen und Mustern aus glasierten Ziegeln sollten die modernen Zweckbauten an Gebäude der Hansezeit erinnern. Heute stehen sie unter Denkmalschutz und erfreuen das Auge.

Mit einem Zugang von der Straße und einem von der Wasserseite knüpfte man auch an die Tradition des Althamburgischen Kaufmannshauses an. Hydraulische Winden besorgten den Warentransport zu den einzelnen Lagerböden, heute sind es Elektromotoren. Immer noch werden einzelne Speicher zur Lagerung und Veredelung hochwertiger Waren genutzt, zum Zollausland gehören sie jedoch seit 2002 nicht mehr.
Als Teil der künftigen Hafencity bekommen auch sie allmählich andere Aufgaben.

Laden und Löschen am Kai

Brownscher Dampfkran 1866

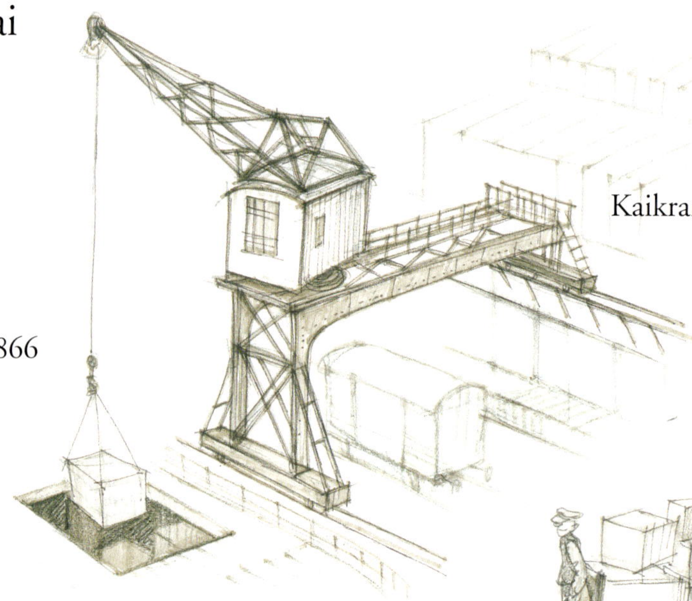

Kaikran 19. Jh.

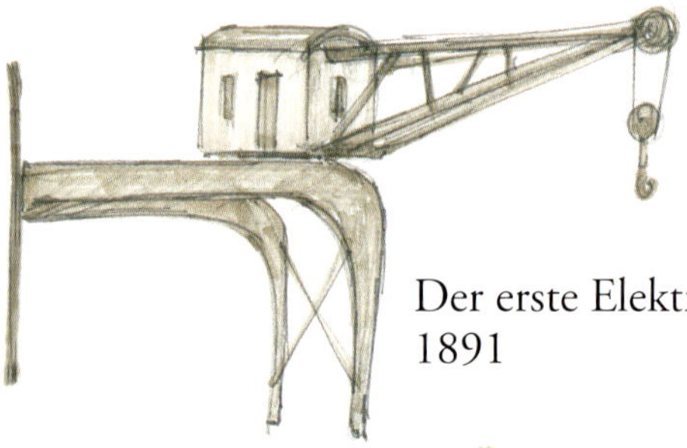

Der erste Elektrokran
1891

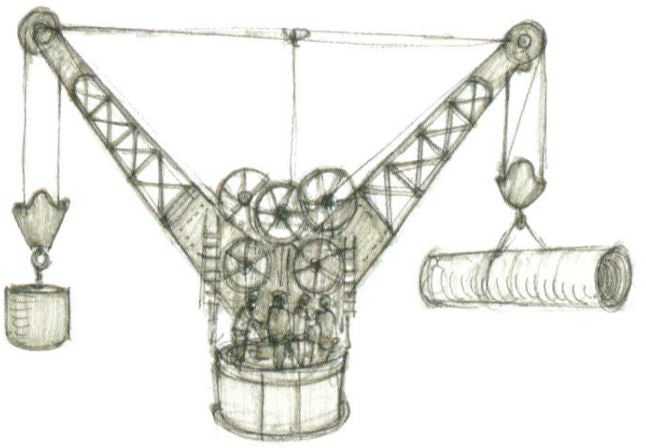

Handkurbelkran mit
einer Tragkraft von 40 t.

Dampfdrehkran
trug Lasten bis 150 t.

Schauerleute arbeiteten
an Bord der Schiffe

Kaiarbeiter waren am Kai
und im Schuppen tätig.

Im Speicher

Quartiersleute (vor 1914) waren die Herren der Speicher.

Ihre Aufgabenbereiche:
- Löschen der Güter
- fachgerecht Lagern
- Sortieren
- Kennzeichnen
- Umpacken
- Prüfen
- Begutachten
- an den Kunden ausliefern

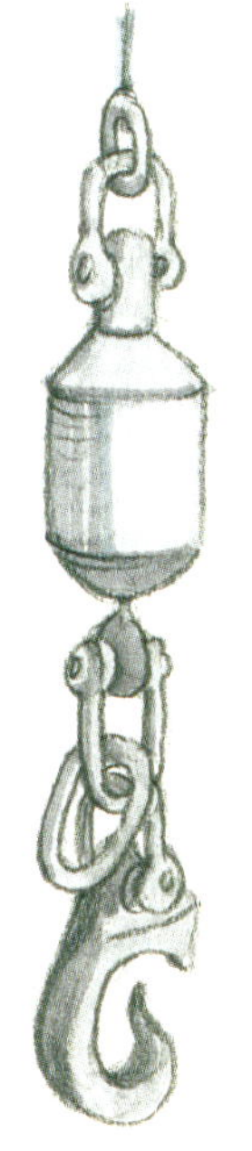

Windenhaken am Speicher

Stichprobe

Probenstecher für grobkörniges Gut

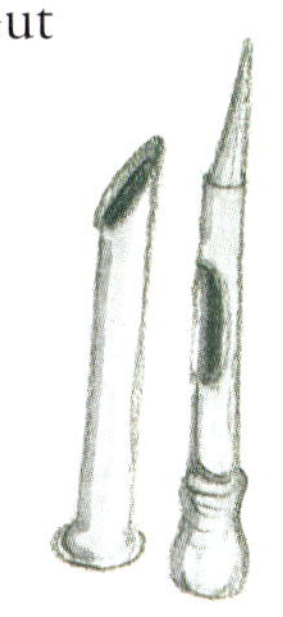

und feinkörniges Gut

Sackkarre

Der Freihafen

Der Freihafen umfasst zahlreiche Hafenbecken mit Kaianlagen, Schuppen, Speichern und Werften. Er ist Zollausland. Über die Grenzen können Waren zollfrei ein- und ausgeführt werden. Ins Zollinland, also auch nach Hamburg eingeführte Waren müssen dagegen verzollt werden.
Der neue Freihafen hat veränderte Grenzen, da die Containerterminals, über die heute der größte Teil des Hafenumschlags abgewickelt wird, sich weiter nach Westen ausgedehnt haben.

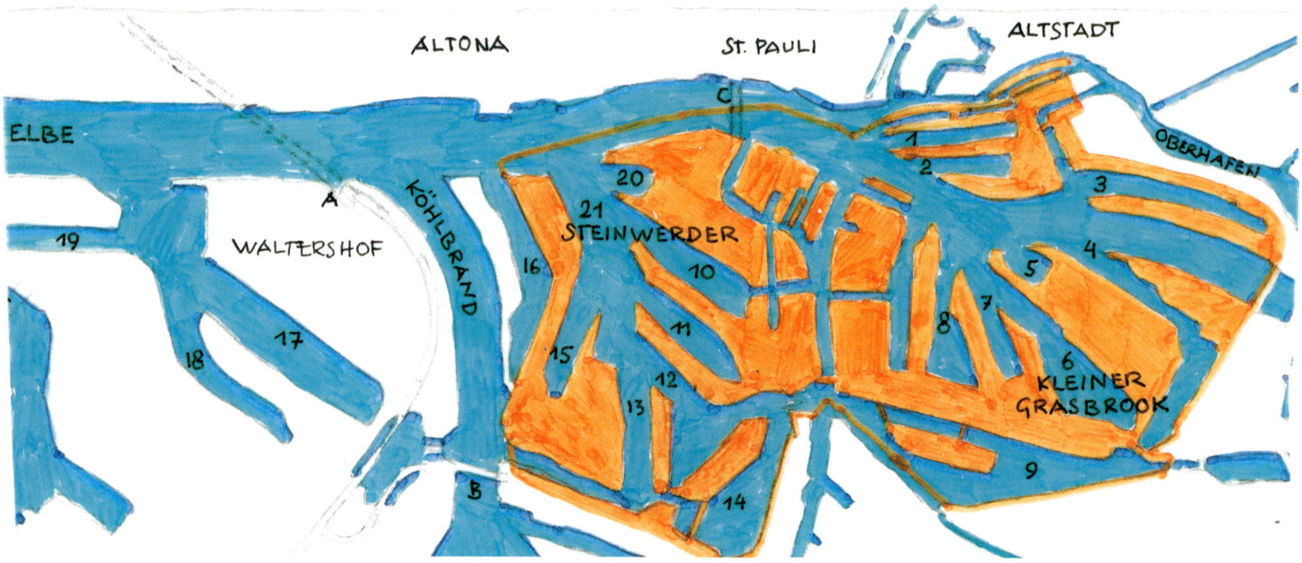

Das Hamburger Hafengebiet mit dem Freihafen bis 2003

1 Sandtorhafen 1866
2 Grasbrookhafen 1876
3 Baakenhafen 1871
4 Moldauhafen 1887
5 Segelschiffhafen 1888
6 Hansahafen 1894
7 Indiahafen 1894
8 Südwesthafen 1879
9 Spreehafen 1890
10 Kuhwerderhafen 1902
11 Kaiser-Wilhelm-Hafen 1903
12 Ellerholzhafen 1903
13 Rosshafen 1908
14 Travehafen 1913
15 Vulkanhafen 1913
16 Kohlenschiffhafen 1913
17 Waltershofer Hafen 1905
18 Griesenwerder Hafen 1914-21
19 Petroleumhafen 1913
20 Werfthafen
21 Vorhafen
A Neuer Elbtunnel
B Köhlbrandbrücke
C Alter Elbtunnel

Container machen heute Schuppen und Speicher überflüssig. Containerbrücken ersetzen Kaiarbeiter und Schauerleute.

Personentransport zur anderen Elbseite

Werft- und Hafenarbeiter wurden in Booten und Barkassen übergesetzt. Später diente der Elbtunnel als vielbenutzter Verkehrsweg.

Touristen und Einheimische benutzen gerne die Hafenfähren.

Alter Elbtunnel 1907-1911

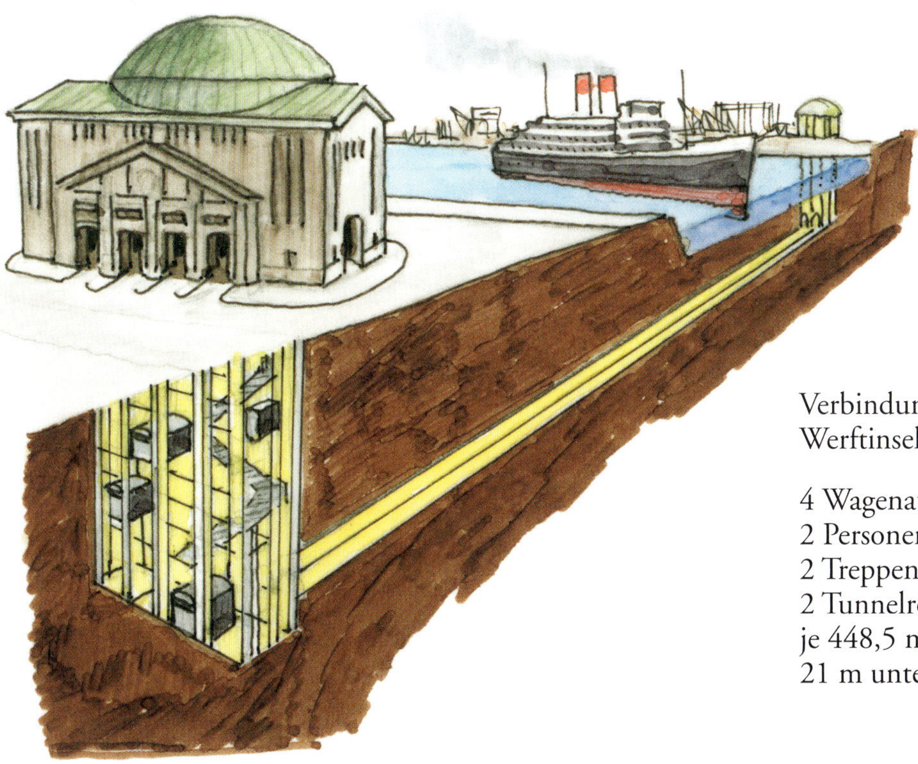

Verbindung Stadt – Werftinsel Steinwerder

4 Wagenaufzüge
2 Personenaufzüge
2 Treppen
2 Tunnelröhren,
je 448,5 m lang, 6 m breit
21 m unter dem Wasserspiegel

Die Fleete

Das Wort „Fleet“ kommt von „fließen“. Fleete heißen die meist schiffbaren Kanäle im Innenstadtbereich. Zuerst wurden die Mündungsarme von Alster und Bille genutzt, dann kamen Schutz- und Entwässerungsgräben hinzu. Seit dem 9. Jahrhundert entstand so allmählich ein Netz von Binnenwasserstraßen, in das große Seeschiffe nicht gelangen konnten. Sie mussten ihre Fracht in den Hafenbecken auf Schuten umladen. Mit langen Peekhaken stakten und zogen die Ewerführer die voll beladenen Lastkähne zu den Kaufmannsspeichern, die einst dicht gedrängt die Fleete säumten. Nach dem Bau der Speicherstadt verloren diese Lagerhäuser schnell an Bedeutung und mit ihnen die Fleete. Diese wurden häufig weiterhin als Müllkippen und Kloaken missbraucht, in denen dann bei Ebbe die „Fleetenkieker“ herumstocherten und nach Brauchbarem suchten. Viele Fleete sind mittlerweile zugeschüttet worden, in einigen verkehren noch Touristenboote.

Schuten bestimmten
einst das Bild der Fleete.

Schlepper beschleunigten
den Warentransport.

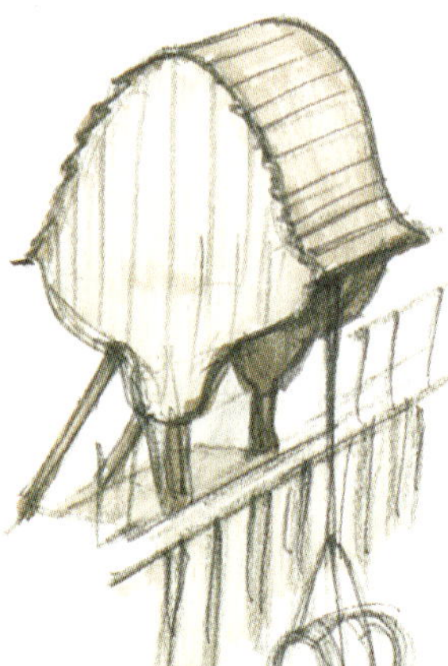

Haspelwinde
18. Jh.

Kleiner Handkran

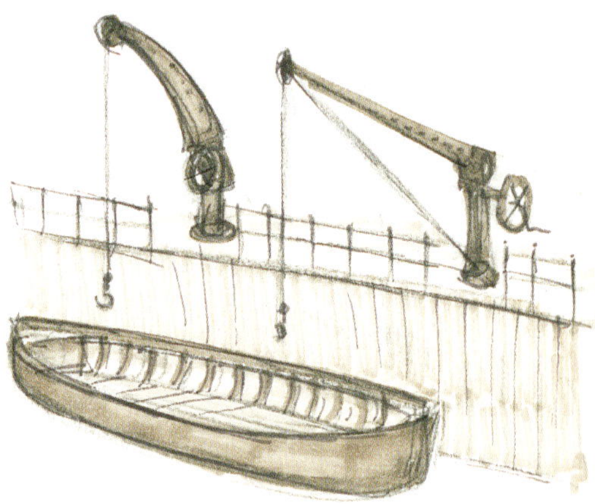

Eiserne Handkräne 19. Jh.

Fleetenkieker

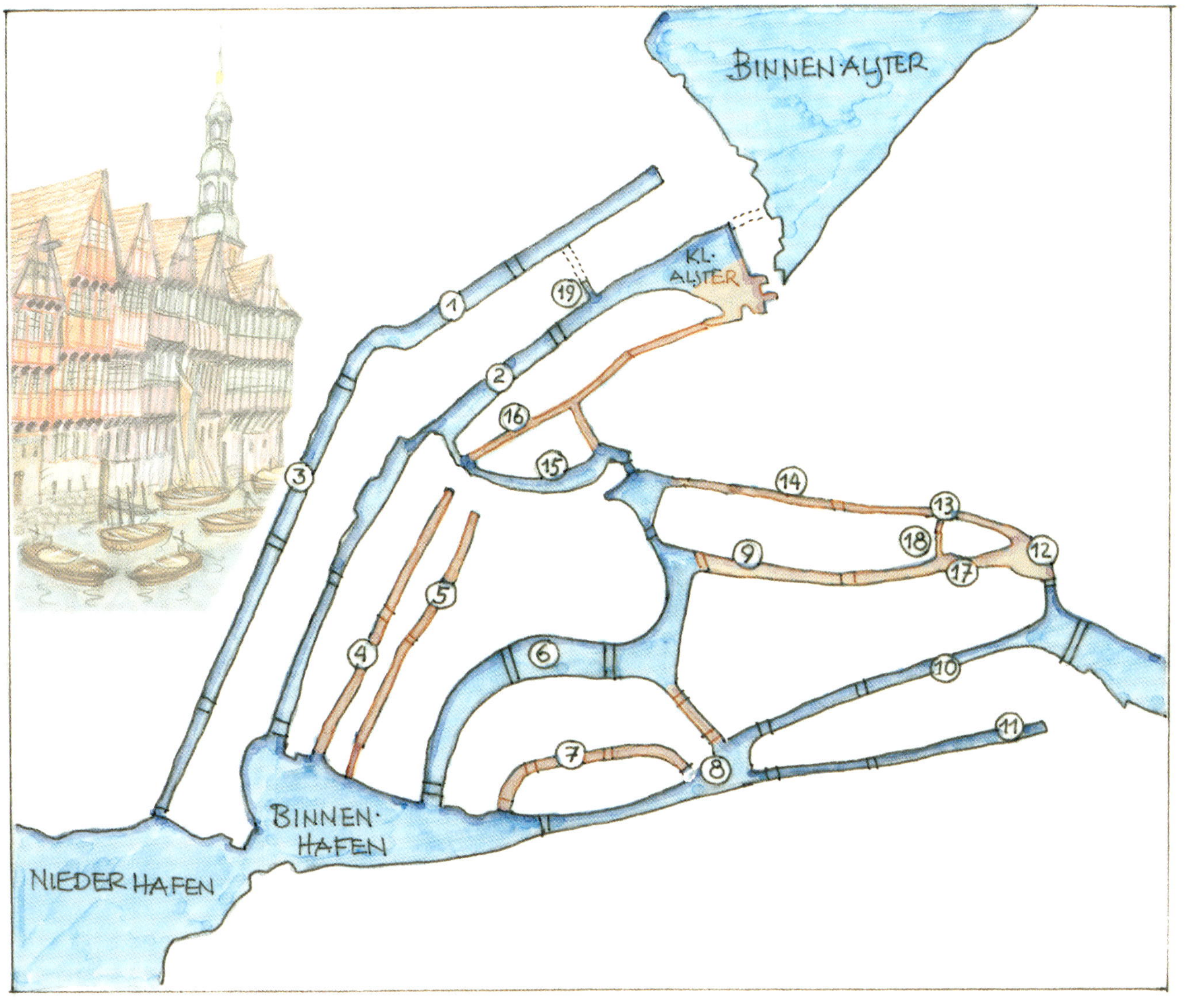

Die Hamburger Fleete 1842

zugeschüttet

1 Bleichenfleet
2 Alsterfleet, südl. Teil (1967)
Admiralitätsstraßenfleet
3 Herrengrabenfleet
4 Rödingsmarktfleet
5 Deichstraßenfleet
6 Nikolaifleet
7 Katharinenfleet –
Mattentwietenfleet
8 Steckelhörn/Mührenfleet
9 Gröningerstraßenfleet
10 Dovenfleet
im Zollkanal aufgegangen

11 Wandrahmsfleet
12 Klingbergfleet
13 Reichenstraßenfleet
14 Bäckerstraßenfleet
15 Mönkedammfleet
16 Klosterfleet
17 Brauerstraßenfleet
18 Hüxterfleet
19 Neuer-Wall-Fleet, später bis
zum Bleichenfleet verlängert

Auf Schienen durch die Stadt und in die Welt

Das ausgehende 19. Jahrhundert hatte für Hamburg entscheidende Veränderungen gebracht. Die Zugehörigkeit zum preußischen Staatenbund (1866) ermöglichte die Anbindung an das deutsche und europäische Eisenbahnnetz. Mit der Einweihung der Elbbrücken (1872) war der entscheidende Schritt getan, denn bis dahin endeten die Bahnlinien von Süden alle in Harburg.

Pferde-Omnibus 1824

Schienen-Pferdebahn ab 1866

Dampfstraßenbahn.
Das „Plätteisen“ fuhr vom Rathausmarkt nach Wandsbek.
1879-97

Elektrische Straßenbahn
1894

Elektrische S-Bahn 1907

Auch der städtische Nahverkehr weitete sich immer mehr aus, da Tausende von Arbeitern jetzt weitab von Hafen und Stadtzentrum wohnten. Straßenbahnen, mit Dampf und schließlich mit Elektrizität betrieben, lösten die Pferdewagen allmählich ab. Nach 1912 verkehrte auch die Hochbahn, denn Hamburgs Einwohnerzahl hatte mittlerweile die Millionengrenze überschritten.

Der Hamburger Hafen – das Tor zur Welt

Die Industrialisierung zog immer mehr Menschen in die rasant wachsende Großstadt. Auf den Werften wurde Tag und Nacht gearbeitet, Dampfschiffe machten den Windjammern Konkurrenz, bis schließlich Riesendampfer wie „Vaterland“ und „Imperator“ (1912/13) von Hamburg aus die Weltmeere eroberten. Der Hafen stieg, was den Güterumschlag betrifft, zum größten europäischen See- und Binnenhafen bis 1914 auf. Langandauernde Hafenarbeiterstreiks zeigten aber auch, dass diese Entwicklung mit der Ausbeutung der Menschen einherging. Der erste Weltkrieg und seine Folgen dämpften die wirtschaftliche Entwicklung bis in die zwanziger Jahre.

Werft
Anfang 19. Jh.

Werft
Anfang 20. Jh.

Finkenwerder Ewer

Smeukewer (1831)
Manche Segelschiffe erhielten im 19. Jahrhundert einen zusätzlichen Dampfantrieb.

Manche Dampfer benutzten zusätzlich Segel.

Immer größere Schiffe Hamburger Reedereien durchkreuzten die Ozeane in immer kürzeren Zeiten.

Turbinen-Schnelldampfer „Imperator“ 1913, damals das größte Schiff der Welt

Das Rathaus

Planung und Bau des Rathauses beanspruchten viel Zeit. Zahlreiche Baumeister steuerten ihre Ideen bei, so entstand ein Prachtbau in den Formen der Renaissance, der mit seiner inneren Aufteilung, seinen Ornamenten, Gemälden und dem plastischen Figurenschmuck zum Ausdruck bringt, dass Senat und Bürgerschaft das politische Leben der Stadt bestimmen und dass sich Hamburg dem Deutschen Reich gegenüber in einer besonderen Rolle sah. Die 111 m lange Front und der 112 m hohe Turm sowie die zahlreichen Innenräume erzählen Geschichte in vielen Details.

Senatoren und Bürgermeister trugen bis 1918 bei öffentlichen Auftritten das schwergewichtige „Habit".

Architekt der Gründerzeit

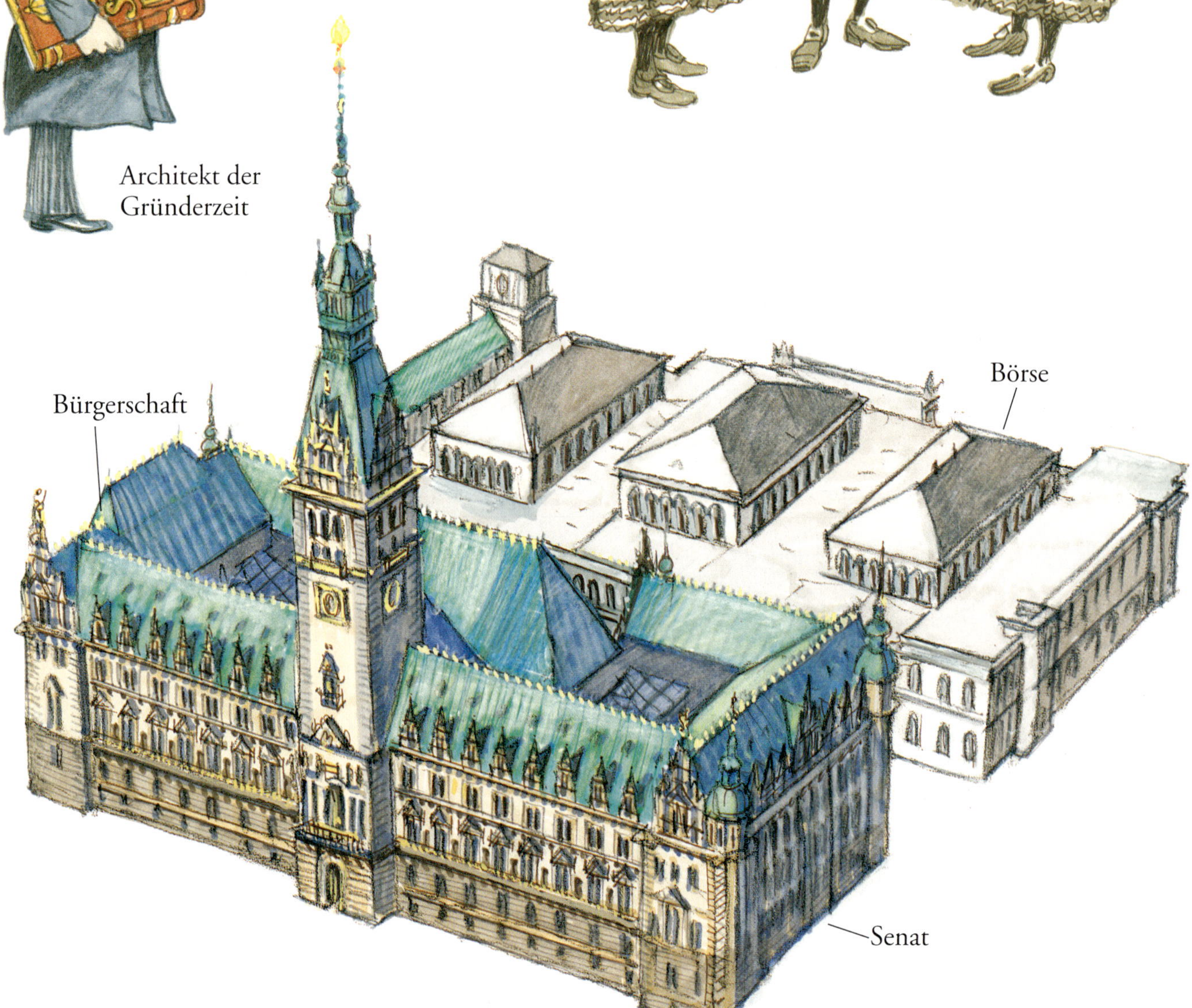

* LIBERATEM QUAM PEPERERE
MAIORES DIGNE STUDEAT
SERVARE POSTERITAS

Bürgertugenden

Bronzeskulpturen weisen
auf Kirchspiele hin

Kontorhäuser

Gleichzeitig mit Speicherstadt und Freihafen war der Bau großer Kontorhäuser in Hafennähe notwendig geworden, weil die ursprüngliche Einheit von Kaufmannshaus und Speicher nicht mehr bestand. Kontorhäuser sind in der Regel Mietshäuser, in denen einzelne Firmen ihren Sitz haben. Das erste Hamburger Kontorhaus war der inzwischen abgerissene Dovenhof, das berühmteste ist das Chilehaus, von Fritz Höger 1922-24 im Sanierungsgebiet südlich der Steinstraße erbaut.
Das besondere Merkmal der Kontorhäuser ist der Verzicht auf eine feste Einteilung der Geschosse.
Jeder Mieter kann die Fläche nach seinen Bedürfnissen gestalten, weil ein Gerüst aus Stahlbeton tragende Wände überflüssig macht. Der plastische Schmuck an den Fassaden deutet häufig auf die Bestimmung des Hauses hin. Bedeutende Kontorhäuser sind der Meßberghof, der Sprinkenhof, der Mohlenhof, der Montanhof, das Afrikahaus und andere.

Dovenhof

Klöpperhaus

Levantehaus

Mohlenhof

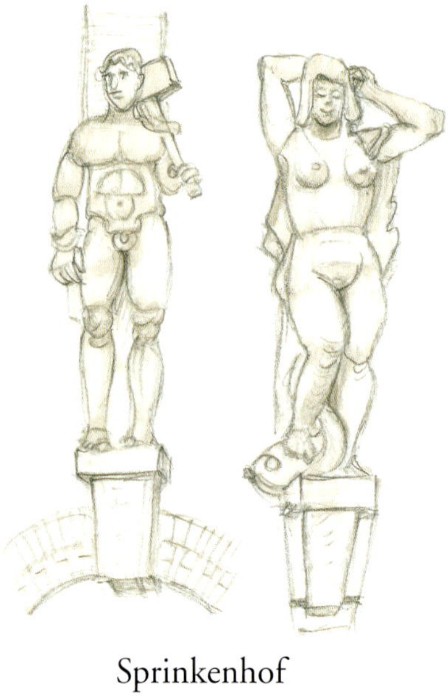

Sprinkenhof

Afrikahaus

Chilehaus

Hamburgs Innenstadt – Erste Hälfte des 20. Jahrhunderts

1 Rathaus, 1886 – 1897
2 Grasbrookhafen, 1876/81
3 Kaispeicher A mit Zeitball, bis zur Zerstörung Wahrzeichen des Hafens
4 Speicherstadt, zwischen 1885 und 1927 abschnittsweise errichtet
5 Zollkanal, Grenze zum Freihafen mit Speicherstadt
6 Überseebrücke, Anlegestelle für Ozeandampfer
7 Trasse der U- und Hochbahn seit 1912
8 Deutsche Seewarte auf dem Stintfang, 1881, für Wetterdienst zuständig
9 Bismarckdenkmal, 1906, von Hugo Lederer
10 Museum für Hamburgische Geschichte, 1914-22 (jetzt hamburgmuseum)
11 Heiligengeistfeld, seit 1893 findet hier das Volksfest „Hamburger Dom“ statt
12 Justizgebäude
13 Badeanstalt „Alsterlust“ und Bootshäuser, 1888-1940
14 Kunsthalle, Gemäldegalerie 1869 eröffnet, 1912-19 erweitert
15 Hauptbahnhof
16 Mönckebergstrasse
17 Museum für Kunst und Gewerbe, 1877 eröffnet
18 Naturhistorisches Museum, im 2. Weltkrieg zerstört
19 Großmarkthallen und Deichtormarkt, 1911/14 für Gemüse- und Blumenhandel
20 Kontorhausviertel entstand im Zuge der Sanierung des Gängeviertels nach 1920
21 Ehemaliger Venloer/Hannoveraner Bahnhof, z.T. als Güterbhf. weiter genutzt
22 Werften

Kriegerische Zeiten

Arbeitskampf im Hafen

Auf dem Hopfenmarkt

Kriegsbeginn 1914

1918 Demonstration der Soldaten

Verhaftung von Kommunisten

Massenarbeitslosigkeit

Judenverfolgung

Bau von Kriegsschiffen

Im Luftschutzkeller 1939-45

Tod und Zerstörung

Der Bombenkrieg, von den Nazis ausgelöst, brachte auch über Hamburg unermessliches Leid. Zwischen 1939 und 1945 wurde die Stadt immer wieder von englischen und amerikanischen Flugzeugen angegriffen. Im Sommer 1943 erreichte der Terror mit der „Operation Gomorrha" seinen Höhepunkt. Rund 40.000 Hamburger kamen insgesamt durch Luftangriffe ums Leben.

Der Wiederaufbau nach dem Krieg

Schon zehn Jahre nach Kriegsende waren die Ruinen abgeräumt und Neubauten entstanden in rascher Folge. Sie dehnen sich weit ins Umland aus, im Zentrum leben immer weniger Menschen. Breite Autostraßen durchschneiden jetzt ehemalige Wohngebiete. Die erhalten gebliebenen oder wieder hergerichteten alten Gebäude stehen heute im Kontrast zu den modernen Glas- und Betonbauten.

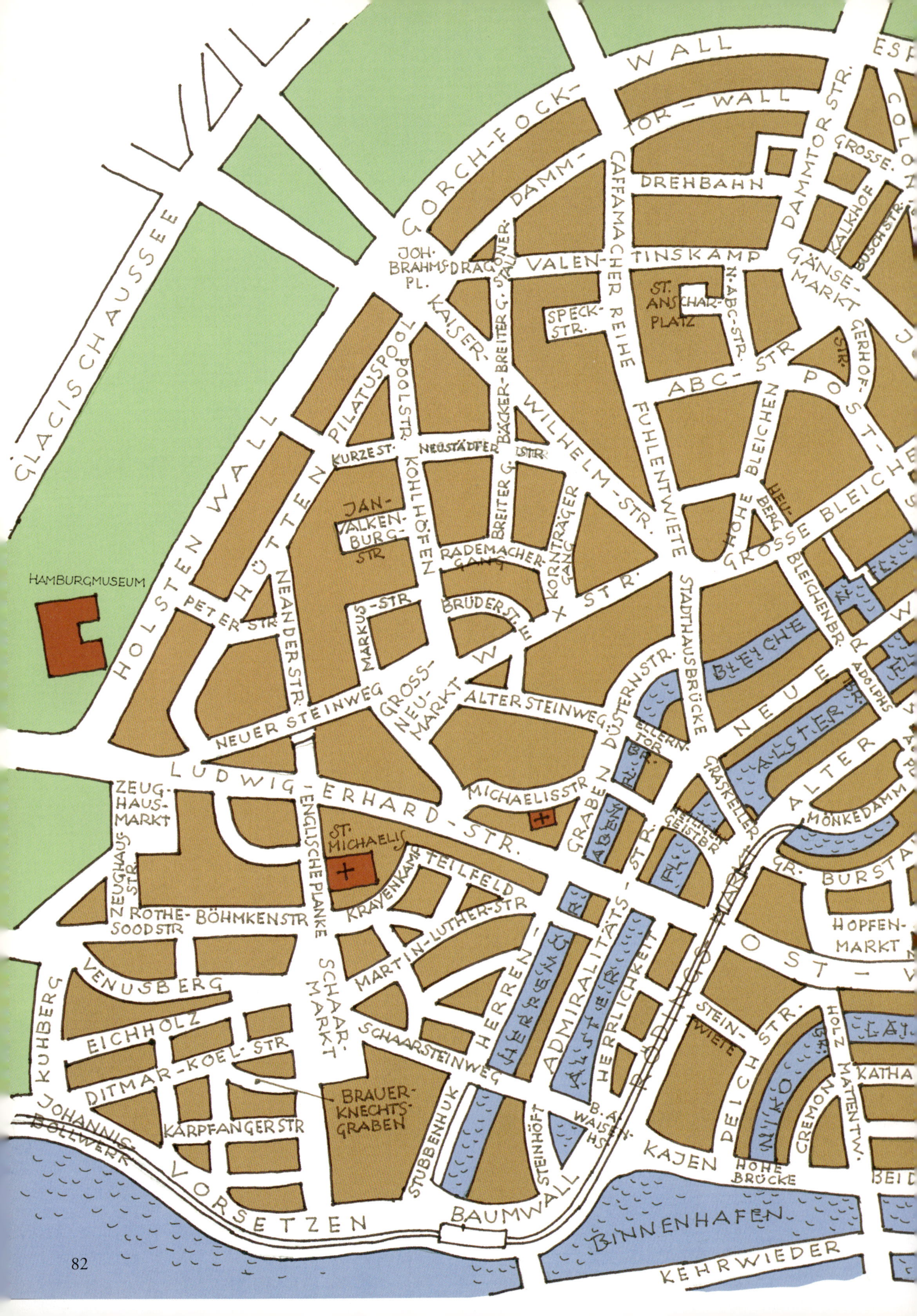
WALL
TOR-WALL
DAMM-
GORCH-FOCK-
GLACISCHAUSSEE
JOH. BRAHMS-PL.
DRAG.
VALEN-TINSKAMP
DREHBAHN
CAFFAMACHER REIHE
DAMMTOR STR.
GROSSE
KALKHOF
BUSCH STR.
GÄNSE-MARKT
ST. ANSCHAR-PLATZ
SPECK-STR.
N. ABC-STR.
ABC-STR
POST-STR.
GERHOF-STR.
KAISER-WILHELM-STR.
BÄCKER-BREITER G.
STALLMEISTER
POOLSTR.
PILATUSPOOL
HOLSTEN WALL
HÜTTEN
KURZE ST.
NEUSTÄDTER STR.
KOHLHÖFEN
JAN-VALKEN-BURG-STR
BREITER G.
RADEMACHER-GANG
KORNTRÄGER GANG
FUHLENTWIETE
HOHE BLEICHEN
HEIL-BERG
GROSSE BLEICHEN
BLEICHE
BLEICHENBR.
STADTHAUSBRÜCKE
HAMBURGMUSEUM
PETER STR
NEANDERSTR.
MARKUS-STR
BRÜDER ST.
NEUER STEINWEG
GROSS-NEU-MARKT
ALTER STEINWEG
DÜSTERNSTR.
ELLERNTOR BR.
NEUER WALL
ALSTER
ADOLPHS BR.
LUDWIG-ERHARD-STR.
ZEUG-HAUS-MARKT
ZEUGHAUS-STR.
ENGLISCHE PLANKE
ST. MICHAELIS
MICHAELISSTR
GRABEN
FLEET
GRASKELLER
HEILIGEN-GEISTBR
ALTER WALL
MÖNKEDAMM
GR. BURSTAH
HOPFEN-MARKT
KRAYENKAMP
TEILFELD
ROTHE-SOODSTR
BÖHMKENSTR
MARTIN-LUTHER-STR
HERREN-GRABEN
HERRENGR.
ADMIRALITÄTS-STR.
ALSTER
HERRLICHKEIT
RÖDINGSMARKT
OST-WEST
VENUSBERG
SCHAAR-MARKT
STEIN-TWIETE
DEICHSTR.
HOLZ-BR.
NIKOLAI
KATHA
EICHHOLZ
SCHAARSTEINWEG
DITMAR-KOEL-STR
BRAUER-KNECHTS-GRABEN
KUHBERG
JOHANNIS-BOLLWERK
KARPFANGERSTR
STUBBENHUK
STEINHÖFT
B.A. WAISEN-HS.
KAJEN
HOHE BRÜCKE
CREMON
MATTENTW.
BEI D
VORSETZEN
BAUMWALL
BINNENHAFEN
KEHRWIEDER

AUSSENALSTER
KENNEDYBRÜCKE
LOMBARDSBRÜCKE
BINNENALSTER
HOLZDAMM
KUNSTHALLE
GLOCKENGIESSERWALL
KIRCHENALLEE
HAUPT-BAHN-HOF
BALLINDAMM
BRANDSENDE
FERDINANDSTR.
ROSENSTR.
GERTRUDENST.
GEORGS PL.
KURZE MÜHREN
LANGE MÜHREN
LILIENSTR.
GERTRUDEN KIRCHHOF
STEINTORWALL
STEINTOR DAMM
SPITALER STR.
ALSTERTOR
BERGSTR.
HERMANNSTR.
PAULSTR.
KL. ROSENSTR.
GERHART-HAUPTMANN-PL.
REESEND.
PLAN
SCHLEUSENBR.
RATHAUSMARKT
RATHAUS
MÖNCKEBERG STR.
KNOCHENHAUERTW.
ST. PETRI
ST. JACOBI
BUGENHAGENST.
JOHANNISSTR.
RATHAUSSTR.
SPEERSORT
STEINSTR
SCHMIEDESTR.
PELZERSTR.
SCHAUENBURGER STR.
KATTREPEL
BURCHARDPL.
ALTSTÄDTER ST.
JOHANNISWALL
KLOSTERWALL
CURIENSTR.
SCHOPENSTEHL
NIEDERNSTR
PUMPENSTR
BÄCKERSTR
BRODSCHRANGEN
NESS
GR. REICHENSTR
KL. REICHENSTR.
DOMSTR.
FISCHMKT.
HOPFENSACK
MESSBERG
PUMPEN
B.D. ALTEN BÖRSE
TROST
OST-WEST-STRASSE
DEICHTORPLATZ
GRIMM
DOVENFLEET
ZIPPELHAUS
KANAL
ALTER WANDRAHM
POGGENMÜHLE
OBERBAUMBR.
ST. KATHARINEN
DIENERRH.
HOLL. BROOK
B. ST. ANNEN
BROOKTORKAI
ERICUS
PICKHUBEN

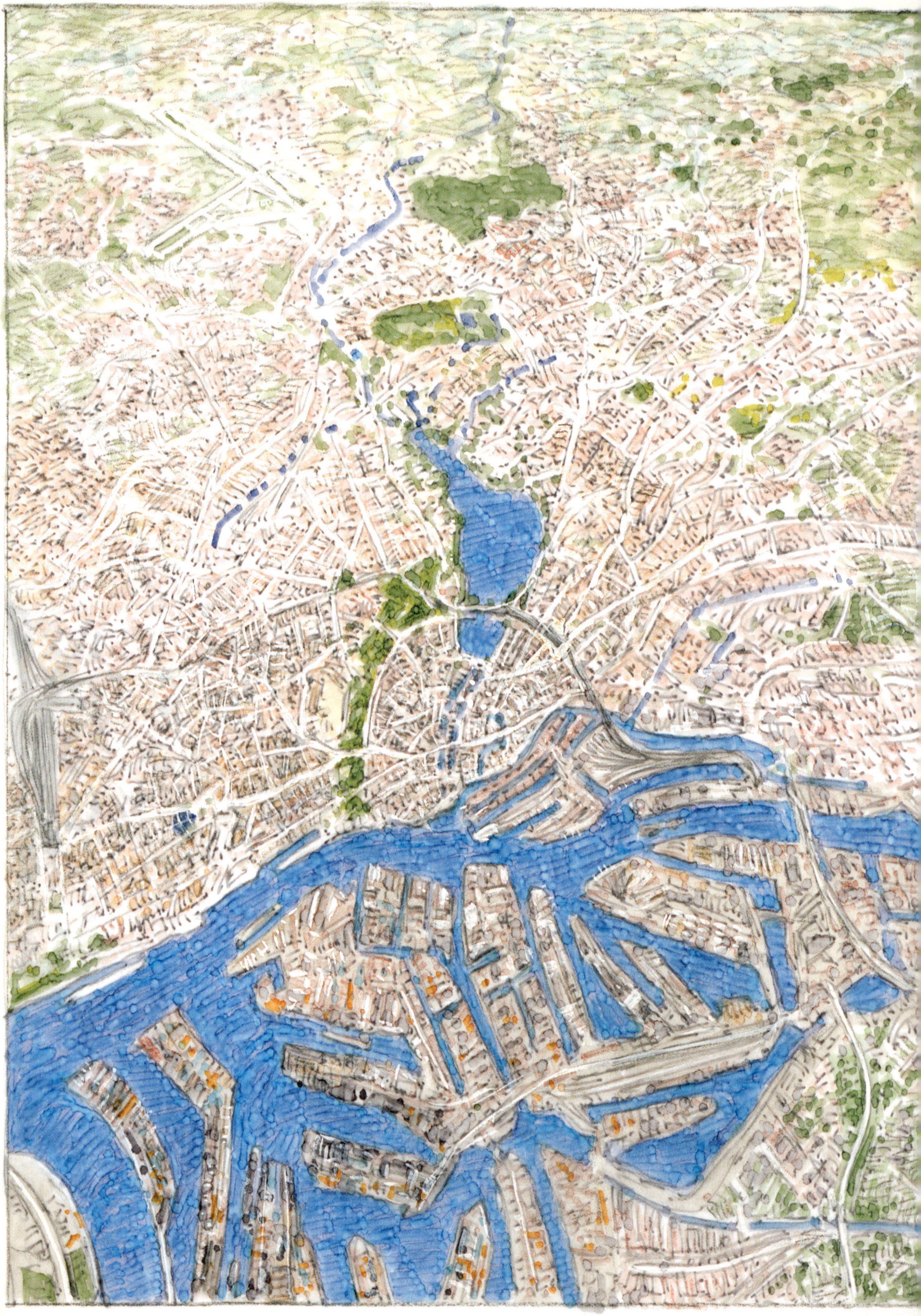

Hamburg heute

Seit 1937 ist die Freie und Hansestadt Hamburg mit der Eingemeindung der Städte Altona, Wandsbek und Harburg weit über ihren historischen Kern hinausgewachsen, sie ist heute die zweitgrößte Stadt Deutschlands mit einer Fläche von 755,16 Quadratkilometern.
Ende 2005 lebten hier 1.744.215 Einwohner. Der Hamburger Hafen ist der größte Seehafen der Bundesrepublik, er wird jährlich von mehr als 11.000 Seeschiffen und ebenso vielen Binnenschiffen angelaufen.
Die Stadt ist in sieben Bezirke mit 104 Stadtteilen aufgeteilt. Die geschichtsträchtige Innenstadt gehört zum Bezirk Mitte und wird als City bezeichnet. Die ehemalige Wallbegrenzung zeichnet sich durch den Straßenverlauf und den Grüngürtel im Westen noch deutlich im Stadtbild aus der Vogelschau ab, von Nahem betrachtet aber erinnert nicht mehr viel an die über tausendjährige Geschichte dieser lebendigen Großstadt, die ständig ihr Aussehen ändert.

Mit der HafenCity wird die Wasserseite der Hamburger Innenstadt in Zukunft ein völlig neues Gesicht erhalten. Wohnen, Arbeiten, Freizeit, Sport und Kultur sollen wieder an einem Ort zusammengeführt werden, wie es in der alten Stadt selbstverständlich war, jetzt aber mit neuen Vorzeichen und unter anderen Bedingungen. Hamburg hat aus seiner Geschichte gelernt.

Hamburgmuseum

Wer die Reise durch die Geschichte dieser Stadt fortsetzen möchte, findet reichlich Material im Hamburgmuseum, dem Museum für Hamburgische Geschichte, wie es bis vor kurzem hieß. Der rote Backsteinbau, 1914-22 geschaffen von dem bekannten Architekten und Stadtplaner Fritz Schumacher, steht auf einer ehemaligen Bastion der Wallanlagen. Originalgegenstände im und am Haus, Modelle und Dokumentationen laden dazu ein, betrachtet zu werden, so kann man sich die Stadtgeschichte von den Anfängen bis zur Gegenwart noch einmal anschaulich vor Augen führen.

Viele Themen, die in diesem Buch nur gestreift oder gar nicht behandelt wurden, sind im Museum ausführlich dargestellt und erweitern so den Blick des interessierten Betrachters.
Manche dramatische Szene und gewisse bildhafte Zusammenhänge ließen sich mit den Mitteln des Zeichners besser verwirklichen. Buch und Museum können einander ergänzen, wenn es darum geht, Geschichtsbewusstsein beim Betrachter zu wecken. Wir sind Teil der Geschichte. Je bewusster wir uns dieser Tatsache sind, desto mehr verstehen wir auch uns und unsere Umwelt.